Три веревки палача

Даниель Дана

Три веревки палача

Даниель Дана

Главные редакторы и продюсеры: издательство ContentoNow

Перевод: Анна Гандман
Редакция: Кейт Афтер
Графический дизайн: OneStop Publishing
Дизайн обложки: Лилия Лев Ари и OneStop Publishing

© 2016 Авторские права принадлежат д-ру Даниелю Дане

Все права защищены. Запрещается перевод, воспроизведение и хранение данной книги, полностью или частично, в любых системах поиска информации либо ее передача тем или иным способом или методом посредством электронных носителей, ксерокопии, записи и так далее без предварительного письменного разрешения автора и издателя.

(ISBN): 978-965-550-277-0

Международный эксклюзивный дистрибьютор: ContentoNow
Израиль, 6971007, Тель-Авив, ул. а-Барзель, 3

www.ContentoNow.com
netanel@contentonow.com

Три веревки палача

Даниель Дана

Богу Израиля, даровавшему мне чудеса и возможность понять, кто я.

***

Моей дорогой жене Марине, которая помогла мне полюбить Израиль, а также ее семье, ставшей мне родной: дочери Дине, моей верной советчице и помощнице, без которой издание этой книги не было бы возможным, любимым внукам Рону и Айе.

Содержание

Благодарность	9
Вступление	11
ГЛАВА 1. От детства до изгнания	**15**
Первые уроки	16
Бабушка — самый важный человек моего детства	21
Перелом и прозрение	23
Дядя Муса — всегда со мной	29
Искры бунта: окончание школы и служба в армии	33
С высоко поднятой головой	36
Дело чести: служба в полиции	37
Время побед — в спорте и любви	40
Борьба с властями на пути к диплому	44
Жизнь во Франции: в тихом омуте...	50
Яростная борьба с исламским режимом	51
Сомнения и поездка в Рабат	57
Продолжение борьбы	63
Новый этап — основание «Джавана»	65
Трения и конфронтации	67
Первое сообщение из Ирана: «черная метка»	74

Глава 2. Операция «Табарзин»   77
Встреча с генералом Ариана   78
   Правила маскировки   79
   Радостная встреча, обернувшаяся разочарованием   80
«Салазон» ко всему готов!   87
   Стремительное продвижение   87
   Три тени на горизонте   94
   На связь выходят неопознанные вертолеты   100
Ошибки и экспромты   102
Затишье перед бурей   104
   «Офицер царской армии»   107
   Герои Персидского залива   110
Наши товарищи арестованы — все пошло не так   114
Допросы в Касабланке   118
На пороховой бочке   122
   Неожиданный спаситель   123
   Отплываем во Францию   128
   Картофель спас операцию   133
Переговоры, закончившиеся провалом   138
   Вынужденные обстоятельства   139
   Один в поле воин?   141
   Пресса — противники и соратники   144
   Конец операции «Табарзин»   145

Глава 3. Зигзаг удачи   149
Отлив после прилива   150
   Новая операция и раскол в семье   153
   Ядерное безумие   166
   Жизнь вносит коррективы   169
Полет в логово зверя   179
   Мысли о самоубийстве   179

Это я, Джамшид!	185
Родной голос	193
Развод и женитьба	196
Старые друзья, новые друзья	202
Галстук вместо веревки на шее	205
Хотим — видим, хотим — нет	211
Под прицелом	216

Глава 4. Круг замыкается на Святой земле — 221

Билет в один конец — из страны кенгуру на Святую землю	222
Учеба и знакомство с христианством	223
Столкновения на религиозной почве	227
«Сатанинские стихи» Салмана Рушди	230
Иерусалим — столица столиц	235
Иранская община в Израиле	241
Контакты с академическим миром Израиля	245
Тяготы жизни и долгожданный успех	249
Марина, муза моей жизни	253
Высокая стена под названием «МВД»	258
Гиюр	259

Глава 5. Незаживающие раны и взгляд в будущее — 267

Тоска по детям	268
Слова признания и прощения	271
Взгляд в будущее	273
Мирное решение	278

Глава 6. Знай, откуда ты пришел — 283

Тонкий намек	284
Это не Муса, это Моше	285

Благодарность

Книга, которую вам предстоит прочесть, — не выдумка. Это правдивая история, моя история. В ней описаны пять десятков лет моей общественной и политической деятельности.

Я благодарю всех перечисленных ниже и заранее прошу прощения у тех, кого, возможно, забыл упомянуть. На протяжении всей моей жизни вы помогали мне, поддерживали, делились информацией о двух странах, с которыми я связан узами любви: Иране и Израиле.

Я благодарю шиитских лидеров своей любимой родины. Они, осознанно или нет, помогли мне и еще 50 миллионам молодых людей, родившихся после исламской революции, понять, что в такой стране, как Иран, западные принципы плюрализма и либерализма, сформировавшие светское общество, просто не смогут существовать без серьезной реформы, которая должна прийти на смену шиитской идеологии.

Я благодарю сотни тысяч своих друзей, которые формируют иранскую оппозицию за пределами страны и по сей день неутомимо борются с тегеранскими властями.

Благодарю своих друзей в Израиле, которые на

протяжении 17 лет поддерживали и испытывали меня, были со мной заодно и выступали против, считая бывшим шиитом, который перебрался в Израиль. Все-таки они приняли меня и поделились со мной правом любить Святую землю.

Благодарю выходцев из Ирана, 13 человек, которые поддерживали меня и мою жену материально, а также помогли нам построить свой дом в Иерусалиме.

Благодарю тех, кто помогал мне словом и делом на разных жизненных этапах: профессора Моше Маоза, доктора Зеева Магена, Меира Азари, Дейвида Германа, пастора Яна Вильма ван дер Хофена, а также моего доброго друга Йоси Сивана, у которого всегда находился для меня ценный совет.

Я от всего сердца благодарю свою любимую жену Марину. Только благодаря ее заботе и поддержке я смог лучше понять, принять и устроить жизнь в израильской действительности.

От души благодарю Тову Маахни, без помощи которой эта книга никогда не была бы издана.

Я дарю эту книгу моему сыну Пейману и моей дочери Бахаре, а также 50 миллионам юношей и девушек, которые сейчас находятся в самой большой тюрьме в истории человечества — в Иране. Им предстоит стать теми, кто изменит сегодняшние реалии и, в том числе, улучшит взаимоотношения между Ираном и Израилем.

Я надеюсь, что моя книга станет полезной молодому поколению двух народов.

Вступление

Я родился в Иране, национальным символом которого является царь Кир II Великий (Кореш). Более 2500 лет назад он предоставил евреям свободу и право восстановить Храм. В Иране жили и работали Даниель, Эзра, Нехемия и другие великие мудрецы, а в провинции Хузестан, где я провел свою юность, был написан Вавилонский Талмуд. Вот уже 32, года как отношения между Ираном и Израилем разрушены, но мы непременно выстроим их заново.

Фридрих Гегель — немецкий философ XVIII-XIX вв. - утверждал, что история Ирана началась более 10 тысяч лет назад. Роман Гиршман, Эрнст Херцфельд и другие археологи настаивают на том, что именно персами был обнаружен и сохранен тот самый священный огонь, с древних времен зажигающийся в храмах, один из важнейших символов в зороастризме. Мы знаем его как Неопалимую Купину, явившуюся Моисею и ставшую впоследствии священным символом в иудаизме. С тех пор символический огонь передавался многим религиозным общинам мира. Он отражен в свечах, освещающих каждый молельный дом, будь то еврейский, христианский, мусульманский или дом молитвы многих других религий.

Подтверждения тому, что в прошлом между персидским и еврейским народом были чрезвычайно крепкие связи, мы находим во многих источниках, начиная со Священного Писания (Даниил, Неемия, Ездра, Эсфирь) и заканчивая свидетельствами таких древнегреческих и римских историков, как Геродот, Ксенофонт, Цицерон, Ктесий и другие. Сохранялись же они во многом благодаря системе управления, существовавшей в Персидском царстве: территория делилась на провинции, называвшиеся сатрапиями, и жители выбирали местного правителя, что в некотором роде напоминает существующий в наши дни принцип демократии.

Гегель и Гиршман утверждают, что прародители иранской нации проявляли терпимость по отношению к другим религиям и в этом смысле их можно считать предвестниками современной западной цивилизации и прогрессивного общества. Увы, весь этот строй был разрушен после того, как в 638 году Персия была захвачена арабами-мусульманами.

С тех пор как главенствующей религией в Иране стал ислам, отношения между иранцами и евреями переживали взлеты и падения. На сегодняшний день, хотя с начала Исламской революции в Иране и прошло уже 32 года, они совершенно прекратились, и Иран превратился для Израиля во врага номер один. Западные лидеры — Джимми Картер, Джеймс Каллаган, Гельмут Шмидт и Валери Жискар д'Эстен - совершили большую ошибку, когда во время встречи в верхах на Гваделупе, состоявшейся 6 января 1979 года, приняли решение позволить Хомейни возвратиться в Иран и возглавить страну после свержения шаха. Это привело к тому, что была образована Исламская Республика, чем самому Ирану и многим другим государствам был нанесен огромный ущерб. Нет сомнений, что тоталитарный режим внес и продолжает вносить существенный вклад в нестабильность на Ближнем Востоке и во всем мире. Кто действительно мог бы исправить положение, так это 50 миллионов молодых иранцев, мечтающих о будущем, которое бы кардинально отличалось от того, что происходит в их стране сегодня.

Антисемитизм, одна из самых разрушительных форм нетерпимости, получил постоянную поддержку и одобрение со стороны властей, став частью террористической идеологии. Он представляет для мира еще большую опасность, чем ядерное оружие в руках шиитских властей. Поэтому с этим явлением следует вести беспощадную борьбу, уничтожить его на корню, не оставив следа. Только изжив антисемитизм, можно создать ситуацию, при которой иранцы и представители других религий смогут жить друг с другом в мире и гармонии.

В глобальной борьбе за возвращение Ирана к просвещенной демократии играют немаловажную роль и выходцы из этой страны, живущие сегодня в Израиле. Члены иранской общины должны присоединиться к другим аналогичным организациям, разбросанным по всему западному миру, создав вместе «Всемирную организацию братства и дружбы», цель которой — установить мир среди враждующих сегодня народов и государств. Такие шаги приведут к первым переменам во взаимоотношениях между Израилем и Ираном.

Сотрудничество общин и объединение их усилий в

стремлении к переменам приведут к созданию совершенно новой системы взаимоотношений между двумя государствами, в противовес той, что строится на взаимном подозрении и вражде. Этого можно достичь одним из двух путей: заменой шиитского строя или идеологическим переворотом без замены существующего строя. В результате те, кто сегодня находятся у власти в Иране, должны понять, что, если они хотят привести иранский народ к процветанию и при этом установить нормальные взаимоотношения со всем современным миром, они вынуждены изменить свою политику и, что еще более важно, свое мировоззрение.

Читатели заметят, что книга написана в хронологическом порядке. При этом — и не только из литературных соображений — я решил окончить ее главой «Знай, откуда ты пришел», которая, казалось бы, не вписывается в хронологический порядок глав, но уверен, мои читатели поймут, почему я так поступил.

Глава 1

От детства до изгнания

Первые уроки

— Алеф! — пробормотал я, и рука с карандашом медленно поползла по бумаге, стараясь повторить форму буквы алеф.

— Молодец, Джамшид. Очень хорошо, — одобрил отец, и его строгое лицо смягчилось. — А теперь попробуй еще разок. Я знаю, ты можешь написать эту букву красивее.

— Но, папа, — сказал я, — это трудно. Мне ведь всего четыре года.

— Джамшид, не бывает ничего трудного, если часто тренироваться. Если хочешь добиться успеха, когда вырастешь, ты должен тренироваться с малых лет. Попробуй, пожалуйста, еще раз. А мама скоро принесет печенье, которое ты так любишь.

Я сдался и сделал так, как сказал отец.

Это детское воспоминание навсегда врезалось в мою память. Только много лет спустя, когда я уже добился успеха, я понял, что этот момент был решающим в моей жизни. Тренировка, прилежание, упорство и дисциплина, которые привили родители, помогали мне всю жизнь.

Прошло более 50 лет с тех пор, как я начал тренироваться в написании букв. Год — 2001-й. Место — Иерусалим, коллегия адвокатов. Ситуация — экзамен на получение лицензии на юридическую практику в Израиле. Я являюсь на него в пятнадцатый раз.

— Опять ты, — улыбается мне клерк, который меня уже прекрасно знает. — Ты еще не отчаялся? Его слова меня ужасно разозлили, и я хотел уже ответить ему что-нибудь грубое, но сдержался и спокойно сказал: «Ни в коем случае! Я буду приходить сюда еще и еще, пока не получится». Когда я вышел из здания коллегии, перед глазами всплыла картина: я, маленький мальчик, сижу и старательно выписываю буквы под строгим присмотром отца.

Шахруд, город моего детства. Он расположен в горах и славится своей красотой. Зимой там обычно выпадает много снега, и мне, ребенку, это доставляло массу удовольствия.

Время 6:30 утра, холодный ненастный зимний день. Я лежу, свернувшись калачиком под одеялом.

— Джамшид, доброе утро! — слышен голос моей дорогой мамочки. — Вставай, пора собираться в школу.

— Но, мама, — протестую я, — еще так рано и ужасно холодно.

— Джамшид! — повторяет мама, и в ее голосе появляются строгие интонации, не терпящие возражений. — Ты только начал учиться. Такое поведение не приведет тебя к успехам. Вставай немедленно, без возражений, у меня еще много дел и нужно позаботиться о твоих братьях.

— Хорошо, хорошо, — ответил я и начал стягивать с себя одеяло. После завтрака, выпив чашку чая, я был готов отправляться в школу.

— Джамшид! Ты ничего не забыл? — спросила мама.

— Нет, — ответил я, — все, что нужно, уже в портфеле.

— Хорошего тебе дня и хорошей учебы! — сказала мама и поцеловала меня.

Я вышел из дома и осторожно пошел по гладкой заснеженной дороге. Я медленно брел по узким переулкам, встречая по пути знакомых ребят, своих одноклассников. Дорога была длинной и извилистой, и примерно через час я добрался до школы.

Моя учительница была молодой женщиной с мягким

характером, она была очень добра ко мне, всегда хвалила за успехи и старание. В конце учебного дня она позвала меня и объявила перед всем классом: «Джамшид, ты отличный ученик и заслуживаешь награду за свои успехи». Она достала из ящика своего стола разноцветную ручку, которая для ребенка была большой ценностью, и с улыбкой протянула ее мне.

Я обрадовался и поблагодарил ее. Но радость моя длилась недолго. Вернувшись домой, я подошел к маме и с гордостью рассказал ей о том, какой приз получил за свое прилежание. Она же посмотрела на меня пытливым и подозрительным взглядом. Я не понял, почему она мне не верит, но не успел добавить и слова, как мама спросила:

— А ты уверен, что получил эту красивую ручку в качестве приза?

— Конечно, мама, — я почувствовал, что сейчас расплачусь.

— Очень надеюсь, что это именно так, — ответила мама, — я завтра сама спрошу у учительницы.

— Можешь спросить ее, — ответил я матери с чувством обиды и глубокого унижения.

Когда на следующий день я вернулся из школы, мама подошла ко мне. Я почувствовал, что ей неловко.

— Джамшид, — сказала мама, и в ее голосе послышалось колебание, — извини. — Она взглянула на меня и добавила: — Ты ведь знаешь, как я тобой горжусь и как важно, чтобы ты хорошо учился. Я боялась, что ты ее украл. Ты ведь знаешь, что от твоей учебы зависит все твое будущее.

— Да, мама, я знаю, — ответил я, — я стараюсь.

— Я знаю, сынок, — сказала мама, — и я прошу, чтобы ты

понял меня. Тогда я осознал, что мама пытается по-своему попросить у меня прощения, и то, какое огромное значение имеет для нее моя учеба.

— Джамшид, — сказала мама и на этот раз улыбнулась, — я расскажу папе о том, что ты получил приз. Он будет очень горд тобой.

— Спасибо, мама, — ответил я и почувствовал, как моя грудь наполняется гордостью. Я знал, как обрадуется отец, когда услышит такие новости.

Да, учеба, учеба и еще раз учеба. Быть самым лучшим. В нашем доме это было главным. Мои родители делали все, что могли, чтобы дать нам с братьями высшее образование.

После того как отец рассказал мне о себе, я очень хорошо понимал, почему родителям было так важно, чтобы все их дети получили образование. Он вырос среди людей, которые всю жизнь пасли овец и занимались сельским хозяйством. Работал с раннего детства и не смог получить никакого образования, хотя очень хотел. Когда же он рассказал отцу о своем желании учиться, тот не поддержал его и отказал в помощи. Окончательно потеряв надежду на поддержку общины, он покинул родной дом и отправился в столицу, в Тегеран. Там он начал работать на подсобных работах и со временем, скопив немного денег, начал учиться читать и писать. Но этого ему было недостаточно. Мудрый не по годам, он осознавал, что образование — сила, которая поможет ему продвинуться в жизни. Поэтому он продолжал усердно учиться и спустя несколько лет стал инженером в иранской железнодорожной компании.

Моя дорогая мама, напротив, была из городской семьи, но также не имела возможности учиться. Обстоятельства сложились таким образом, что ей пришлось подавить в себе стремление к знаниям и довольствоваться тем, что дети исполняют ее собственную мечту. Лишь через много лет маме, уже в относительно немолодом возрасте, удалось получить образование, реализовав свое заветное желание. Я нисколько не сомневаюсь, что, если бы ей посчастливилось учиться так, как ее детям, она могла бы достичь невероятных результатов. Очень трудолюбивая, усердная и целеустремленная, мама прекрасно понимала, какое значение имеет образование и что оно может дать человеку.

Оглядываясь в прошлое, я понимаю истинную цену того «пресса», под которым я провел свое детство. Своими успехами я обязан родителям, которые привили мне стремление к знаниям, усердие и умение не отступать.

Бабушка — самый важный человек моего детства

— Джамшид, дорогой, запомни, ты должен выполнить эту работу как следует, — сказала бабушка очень серьезно.

— Да, бабушка, не волнуйся, я уверен, что выполню эту работу как следует, — ответил я, кивнув в знак подтверждения.

Бабушка покачала головой, улыбнулась и сказала: «Я очень горжусь тобой».

Работа, о которой говорила бабушка, называлась «Сар'а». Я выполнял ее с 11 до 15 лет. А заключалась она в следующем: я должен был подавать стакан воды людям, которые истязали себя в знак солидарности со страданиями Али и его сына Хусейна, основателей шиитского направления в исламе. У страданий были разные уровни, и те, кто выбрали самый высокий из них — терпеть удары мечом по голове (следует, правда, отметить, что им на голову укладывалась деревянная доска), назывались «Раме зан». Я, конечно, хотел стать «Раме зан», но пока приходилось довольствоваться незначительной ролью «Сар'а», и я выполнял ее с усердием.

Я был старшим ребенком в семье и первым внуком у бабушки, и для нее это имело большое значение. Она открыто выделяла меня из всех своих внуков и надеялась, что я стану уважаемым шиитским священником.

Бабушка была красивой женщиной с сильным характером. Она приезжала к нам по нескольку раз в год и в те периоды, когда жила в нашем доме, уделяла много внимания посвящению меня в тайны шиитской веры.

Мы подолгу сидели вместе, читали Коран, вернее — я

читал главы, а она время от времени мне что-нибудь объясняла. Я очень уважал бабушку и из глубокого почтения к ней был очень терпелив и выполнял все ее требования. Постоянное чтение Корана предназначено для того, чтобы главы накрепко врезались в память читающего. Шииты обычно молятся, а не читают из книги. Я усердно зубрил Коран, а во время молитвы в мечети бабушка стояла за мной и внимательно слушала, что я произношу. А если, как ей казалось, я ошибался, она делала мне замечание и поправляла меня. Она очень хорошо знала Коран и неукоснительно следовала всем предписаниям шиитской веры. Когда же оставалась погостить в нашем доме, то, несмотря на явное недовольство, никогда не вмешивалась и не пыталась повлиять на моих родителей в том, что касалось религии. Например, я помню, как часто мой отец жарил мясо, а затем поливал его йогуртом. Бабушка мне говорила, что, когда я вырасту, я не должен так поступать, потому что религия запрещает поливать мясо молоком. Только через много лет я понял, что «запрет» бабушки был взят из иудаизма и не имел никакого отношения к исламу.

Когда мне было 14 лет, бабушка заболела. Недуг приковал ее к постели, и она больше не могла навещать нас, как прежде. Мне очень ее не хватало, и, несмотря на то, что к тому моменту религия уже не так увлекала меня, я очень хотел встретиться с ней, чтобы почувствовать то тепло, ту любовь и ласку, которую она всегда дарила мне. К сожалению, болезнь победила. Бабушка умерла, а я остался с ощущением глубокой потери дорогого и очень важного в жизни человека.

Перелом и прозрение

Как я уже упомянул, я очень уважал и любил бабушку. Очень старался выполнять все ее заветы, хотя с возрастом меня начали одолевать сомнения во всем, что касается религии. Труднее стало пояснять самому себе, почему я должен изнурять себя, подвергать мукам, иными словами — заниматься культом, базирующимся на насилии. Я все еще молился по пять раз в день, но сомнения крепли и разрастались в моем сердце, как сорная трава.

Среди прочего я никак не мог понять, почему в повседневной жизни мы говорили на фарси, а молились исключительно на арабском языке. Когда я обратился с этим вопросом к отцу, он уклонился от ответа, четко дав понять, что ему не хотелось бы обсуждать эту тему.

Но сомнения продолжали одолевать меня. И когда по обстоятельствам, связанным с работой отца, наша семья переехала в Хузестан, действительность предстала передо мной во всей своей полноте. Оказалось, что большинство местного населения составляли арабы. Здесь на улице можно было услышать арабскую речь не реже, чем персидскую.

Однажды я спросил отца:

— Они персы или арабы?

— Они арабы-мусульмане и персидские граждане, — ответил отец.

— Но что они здесь делают? Зачем они приехали в Персию? — продолжал настаивать я.

Отец на секунду склонил голову, и я понял, что ему не нравится мой вопрос. Он немного подумал и сказал:

— Для того, чтобы это понять, тебе необходимо изучать историю.

— История! — я шел, разговаривая сам с собой. — В таком случае история — ключ к пониманию.

Я любил историю и начал искать различные источники информации, потому что мне очень хотелось узнать, что же произошло и почему. Увлекся учебниками по истории Ирана и чем больше я узнавал, тем сильней захватывало меня прочитанное. Когда-то Иран был империей, великой державой, построенной на принципах, очень близких к демократическим: свобода вероисповедания, терпимое отношение к любой религии. Бывали, конечно, исключения, мрачные периоды (например, описанные в «Книге Эсфири»), но до арабского завоевания эти принципы сохранялись в Персидской империи, как в периоды расцвета, так и в периоды упадка. Я с большим интересом читал о зороастризме, и передо мной открылся новый захватывающий и волнующий мир.

Интерес к книгам привел к постепенному отрезвлению. Я начал понимать, что религия, а в этом случае речь шла о шиитском направлении в исламе, основана на насилии, жестких законах и нетерпимости, что противоречит истинному духу иранского народа. Горечь в моем сердце росла от осознания того, что, начиная с исламского захвата в 638 году н. э., Иран все глубже погружался в темноту. Когда я обращался к своим учителям и спрашивал, как так получилось, что в один момент была стерта такая богатая культура, они уклонялись от ответа, а один превзошел всех, сказав: «Таков исторический процесс, и, судя по всему, так и должно было случиться». Признаюсь, меня это чрезвычайно возмущало, я был на грани отчаяния, потому что понял, что школа и официальные учреждения не дадут мне достойного ответа и лишь собственными силами я смогу докопаться до истины.

Замечательным другом, оказавшим на меня в дальнейшем огромное влияние, стал мой одноклассник по гимназии в Хорремшехре. У него была кличка Хасани Второй. Вы спросите, почему Хасани Второй? Потому что Хасани Первый был я. Совершенно случайно, а может и нет, мы были однофамильцами. Меня называли Хасани Первый потому, что я был лучшим учеником в классе, а он был вторым после меня. Вот его и назвали Хасани Второй.

Проблема Хасани Второго была в том, что его родители были коммунистами. В те годы сторонников этой партии было очень мало, но они отличались от всех остальных людей тем, что строго придерживались своей идеологии, были образованными и обо всем имели собственное мнение.

Мой друг твердо верил в идеалы коммунизма, но при этом гордился своим персидским происхождением. Нам нравилось усесться на лавочке где-то за пределами школы, беседовать о возвышенном со взрослой серьезностью. Хотелось все знать, и мы были уверены, что мир принадлежит нам.

— Шииты? Сунниты? Как в плохом анекдоте, — сказал во время одной из наших бесед Хасани Второй и рассмеялся. — Ты все еще молишься? — он озорно подмигнул мне. — Может быть, для того, чтобы знания проникли в мозг, действительно нужно постучать по нему саблей. Неплохая идея, — продолжал он подтрунивать надо мной.

Я не удержался и ответил ему в том же духе.

— Интересно, что бы случилось, если бы Брежневу кто-нибудь постучал по башке саблей? — ответил я.

Улыбка слетела с лица Хасани Второго.

— Не нужно преувеличивать, — сказал он.

— А кто преувеличивает? — ответил я. — Все это глупости. Почему я должен верить в Мухаммеда? Почему ты должен верить в Брежнева? Каждый должен верить в себя самого.

Хасани Второй уставился на меня, а потом рассмеялся и сказал:

— Знаешь, ты, конечно, псих, но в твоих словах есть определенная логика.

— Не знаю, есть ли в моих словах логика, — ответил я, — но могу сказать точно: я доверяю самому себе намного больше, чем человеку, который давно умер, или тому, с которым я не знаком. Мухаммед — не бог, и Брежнев — тоже не бог.

— Ладно, — сквозь смех сказал Хасани Второй, — я понял, куда ты клонишь. Давай поговорим о более интересных вещах.

— Хорошо, — ответил я, — может быть, тогда объяснишь мне, почему этот народ свихнулся? Лично я не могу понять, как произошло, что наши предки согласились на исламский захват.

— Проблема в том, что религия и частично культура были им навязаны, — сказал Хасани Второй, покачав головой. — Они приняли ислам не по собственному желанию.

— Культура? — не выдержал я, — Какая культура? Изнурять себя? Наказывать отрубанием частей тела? Проливать кровь? Как они говорят, «насаждать веру в Мухаммеда мечом»? Это и есть истинная терпимость? Это, по-твоему, достойная культура? Хасани Второй широко улыбнулся и потрепал меня по плечу.

— Молодец, Джамшид, мне понравилось это твое «как они говорят». Да, ты совершенно прав, они — это не мы. Большинство людей в тот момент просто сдались. Они склонили головы и приняли свою судьбу. Они не бунтовали, не сопротивлялись и, таким образом, отдалились от своих корней.

Теперь была моя очередь улыбаться.

— Слово «корни» звучит в твоих устах более чем странно, друг мой, — сказал я, — а Дервиш тоже был коммунистом, или я что-то путаю?

Хасани Второй сразу посерьезнел.

— Хватит, Джамшид. Да, я действительно коммунист, но я также гордый сын иранского народа и не отказываюсь от своей нации. Я верю, что коммунизм — это верный путь с точки зрения социально-экономической структуры, но у общества есть и другие аспекты. Мы, иранцы, являемся носителями богатой культуры, которую злобные исламские фанатики, по понятным причинам, постарались принизить и уничтожить. Ведь открытость, просвещение и терпимость — чуждые исламу принципы.

— Ладно, хорошо, — сдался я, — на самом деле, ты совершенно прав. У нас намного больше общего, чем различий. Проблема в том, что мы с тобой относимся к меньшинству, и наша телега застряла в болоте.

Было очевидно, что мои слова задели Хасани Второго за живое, потому что он сказал:

— Не забывай, что все большие революции в мире всегда происходили по инициативе элиты, а не простого народа. Таков закон истории. И в России революция произошла благодаря маленькой группке образованных людей, которые осознавали всю тяжесть сложившегося положения и хотели изменить действительность. Если я, ты и все, кто думают, как мы, объединимся, то сможем превратиться в ту самую элиту, которая в один прекрасный день сможет сдвинуть колесо истории.

Слова Хасани Второго заставили меня крепко задуматься. И, несмотря на то, что я был еще очень молод, я не мог не признать, что, скорее всего, он прав. История тому подтверждение. Народу нужны лидеры, какими бы они ни были, потому что сам народ не в состоянии ничего инициировать.

— В таком случае, — сказал я, — есть надежда, даже если путь к достижению цели очень долгий.

— Да, должна быть надежда, — сказал Хасани Второй. — Нельзя сдаваться. Я верю, что нам еще предстоит увидеть лучшие времена.

Кто тогда, в дни нашей юности, мог предположить, какая судьба уготована Ирану?! Даже в самых кошмарных снах я не поверил бы тогда, что моя родина так глубоко погрязнет в болоте ислама. В те годы мы были полны энергии, надежд, у нас были мечты и вера в то, что ситуацию можно изменить. Правление шаха было далеким от идеала, но мы даже представить себе не могли, что вместо прогресса или хотя бы застоя мы окажемся в ситуации, когда Иран будет отброшен назад, в самые темные времена. Но тогда, как я уже сказал, никто не знал, что нас ждет в будущем.

На первом месте стояла учеба, и благодаря способностям и усердию многие стали называть меня «гением». Мои успехи в учебе вызывали уважение не только учителей, но и одноклассников. Кроме того, я был отличным спортсменом:

занимался сразу несколькими видами спорта, начиная с борьбы и заканчивая легкой атлетикой, выигрывал соревнования и получал медали, как на школьных соревнованиях, так и на областных. А вершины славы я достиг в 17 лет, когда обо мне вышла в газете статья под заголовком «Чемпион-самородок».

Особенно в те годы мне помогал тренер по физкультуре. Он искренне уважал мое прилежание и способности, часто хвалил и поощрял меня. Его отношение помогло мне стать популярным среди учеников. Тренер запомнился как человек, повлиявший на всю мою жизнь и укрепивший во мне стремление к успеху.

Позднее отличная физическая подготовка, которой я обладал благодаря регулярным занятиям спортом, помогут мне устроиться на работу в полицию и поступить в военную академию. Немногие претенденты могли похвастать такими данными, которые были у меня, не говоря уже о дипломе победителя университетского чемпионата по легкой атлетике.

Дядя Муса — всегда со мной

Я произношу это имя, и сердце наполняется уважением и тоской. Не так много людей, повстречавшихся на моем пути, оказали столь сильное влияние на мою жизнь, как дядя Муса. Он был братом моей матери. До сих пор не могу вспоминать его без улыбки.

Муса был большой человек с огромным сердцем. Полный, с усами и пытливым пристальным взглядом. Не всякого человека Муса был готов подпустить к себе. Еще в юности между нами сложились очень близкие отношения, и эта связь не ослабла, даже когда судьба развела нас далеко друг от друга.

Муса был «белой вороной» в семье, и на то были причины. Он был инакомыслящим — бунтарь, спорщик, обо всем имел собственное мнение и, в довершение ко всему, был убежденным коммунистом. С этой точки зрения можно сказать, что Муса был полной противоположностью моей дорогой бабушки. Если она всю жизнь посвятила вере, Муса отдал душу и сердце коммунизму. По характеру он был ужасно упрямым человеком, и если во что-то верил, то поколебать его убеждения было невозможно. И при этом всегда признавал свои ошибки, если выяснялось, что он действительно не прав. Он был щедрым и по-настоящему великодушным человеком. В молодости Муса был отличным спортсменом и, помимо прочего, работал диспетчером в государственной железнодорожной компании Ирана.

Даже когда я был еще совсем маленьким ребенком, Муса относился ко мне с уважением. Он всегда поддерживал, поощрял меня, советовал, как лучше поступить. Можно сказать, относился ко мне, как к сыну, которого у него никогда не было. Он возлагал на меня большие надежды, как в спорте, так и в общественной жизни.

— Ты далеко пойдешь, — часто говорил Муса, — ты создан из правильного материала.

Я чувствовал себя неловко от таких комплиментов, но он настаивал на своем.

— Запомни, что сказал Муса, — упрямо повторял он, — я умею определять людей, которые созданы из правильного материала. А ты создан из того самого, из которого делают чемпионов.

Когда обо мне напечатали в газете, дядя Муса едва не лопнул от гордости.

— Вот видишь?! — громыхал он, сверкая глазами. — Теперь ты видишь, как я был прав! Так чемпион или нет? Ну, скажи? — поддразнил Муса и обнял меня так крепко, что я чуть дух не испустил.

— Ладно-ладно, ты прав, — с трудом выговорил я, пытаясь вздохнуть сквозь сдавленные ребра.

— Ушам своим не верю! — ликовал Муса. — Наконец-то ты признал, что я был прав. Запомни, — взглянул он на меня своим пристальным взглядом, — ты будешь чемпионом в любой области, в которой только захочешь. Ты талантлив, целеустремлен и упрям. У тебя есть все необходимые качества, чтобы достичь большого успеха.

Я должен был что-то ответить.

— Жизнь покажет. Надеюсь, все будет хорошо.

— Это ясно, — заключил Муса жестом, намекающим на то, что пора выпить. — Это дело надо обмыть.

— Дядя Муса, — вздохнул я, — ты же знаешь, как мои родители к этому относятся.

— Твоих родителей здесь нет, а ты уже взрослый мужчина, — сказал Муса. — Не волнуйся, я им ничего не расскажу. Одна капля ничего не значит, чисто символически.

Я вспомнил, что говорила моя мать:

— Алкоголь — это яд. Смотри, какой вред он наносит людям. Его нужно избегать.

Но слова Мусы показались мне заманчивыми.

— Ладно, — кивнул я и поднял руки в знак поражения, — я выпью немного.

— Немного? — ухмыльнулся Муса, взглянул на меня с одобрением и добавил: — Мы не просто выпьем. Отпраздновать нужно по всем правилам. Пусть вино порадует сердце.

Он вытащил бутылку, на которой было что-то написано незнакомыми мне буквами.

— Что это? — спросил я.

Мне было очень любопытно.

— Это самый лучший в мире напиток, — сказал Муса с улыбкой. — Водка высочайшего качества из матушки России.

Я рассмеялся.

— Ты когда-нибудь забываешь о политике?

— Какая еще политика? — улыбнулся Муса. — Это всего лишь напиток. Что поделаешь, если только русские умеют делать качественную водку?!

Я подумал, стоит ли спросить Мусу про виски, но предпочел промолчать. Виски — американский или европейский напиток, продукт капитализма в чистом виде, а мне совсем не хотелось портить настроение моему дорогому дяде.

— Будь здоров! — прервал Муса мои размышления. Он протянул мне полную рюмку водки. Мы чокнулись и пригубили. Вернее, Муса одним махом опрокинул всю рюмку, а я сделал маленький глоток и почувствовал пожар в горле.

— Что случилось? Ты плохо себя чувствуешь? — спросил Муса.

— Она очень крепкая, — смутился я.

— Тут все дело в привычке, — ответил Муса. - Когда привыкнешь, сможешь пить большими глотками и начнешь получать удовольствие.

Искры бунта: окончание школы и служба в армии

1962 год. Я учусь в 11-м классе, все еще отличник. К тому времени я уже начал подумывать о том, какое будущее ожидает меня после окончания средней школы, но на Ближнем Востоке уже начались неприятные тенденции, повлиявшие на многие страны региона, в том числе на Иран. Источником вражды был конфликт, возникший между Египтом и Израилем. Лидер Египта, полковник Гамаль Абдель Насер, мечтал о власти и бредил империалистическими идеями расширить свои владения на Ближнем Востоке. Среди прочего он мечтал захватить провинцию Хузестан в Иране, большую часть населения которой составляли арабы-мусульмане. Насер не был заинтересован в захвате всех арабских стран, но страны Персидского залива вызывали у него большой интерес.

Полковник Насер развернул антизападную и антиизраильскую кампании по всей провинции. Многие тогда были противниками иранского режима и поддерживали Насера, обещавшего уже через 24 часа после начала войны сбросить всех евреев в Средиземное море. Такая пропаганда оказала большое влияние на жителей Хузестана.

Однажды я приехал в школу на велосипеде российского производства, на мне была синяя рубашка и серые брюки. Нужно сказать, что благодаря спортивным достижениям я пользовался уважением одноклассников. Вдруг я увидел группу ребят, которые скандировали: «Возьмем пилу и отпилим голову Моше Даяну. Это и будет его обрезание!»

Я тогда еще понятия не имел, кто такой Моше Даян, и не интересовался политикой, но стремление Насера захватить

Хузестан не вызывало во мне добрых чувств по отношению к нему. Я придерживался мнения, что Иран должен оставаться независимым государством, включая все его провинции, и считал, что арабское население Хузестана было чужеродным, потому что оно не хотело ассимилироваться в Иране, а раз так — его следовало изгнать.

Ребята, участвовавшие в демонстрации, заметили меня и пригласили присоединиться к ним, но я отказался. Для меня каждый враг Насера был моим другом, а значит, и Моше Даян был «другом». Я рассердился и закричал им, что они ошибаются. Моя реакция привела к тому, что мы подрались.

Меня избили до крови, но и я в долгу не остался. Должен сказать, нападавшим тоже досталось. Директор школы вызвал полицию, и всех нас дружно арестовали.

Кто бы мог тогда подумать, что когда-нибудь я не только узнаю, кто такой Моше Даян, но мне даже посчастливится жить в Израиле. Однако, не будем забегать вперед.

После той драки директор школы вызвал моего отца и сказал, что моей семье угрожает опасность. Большинство населения в городе — арабы, и вполне может так случиться, что нас могут попытаться наказать за мои «произраильские» взгляды.

Несмотря на враждебную обстановку в городе, иранские власти были настроены в пользу евреев, и не следует забывать, что после провозглашения независимости Израиля в 1948 году Иран и Турция были единственными мусульманскими государствами, признавшими новое еврейское государство. Люди в верхах, которым стало известно о сложившейся, достаточно опасной, ситуации, повлияли на то, чтобы отца перевели в более крупный город, Ахваз, что стало для него неожиданным повышением.

Я окончил школу уже в Ахвазе в 1963 году и пошел служить в армию, где первые четыре месяца проходил курс молодого бойца, а затем получил назначение в подразделение при образовательных войсках, которое называлось «Сепа Данеш». Наша роль заключалась в обучении крестьян письму и чтению.

На курсах молодого бойца была высочайшая конкуренция между солдатами, потому что все прекрасно понимали, что из сотни новобранцев только трое самых лучших получат звания сержантов, семеро — старших ефрейторов и еще девять удостоятся ефрейторов. Я закончил курс с отличием. В те годы это позволяло получать более высокую зарплату, кроме того, давало право выбрать место дальнейшего прохождения службы. После подготовки началось распределение — нам сказали, в каких деревнях мы будем служить. Один солдат, который проходил курс вместе со мной, расплакался, потому что хотел служить поближе к своей невесте. Но он получил звание ефрейтора и поэтому по принудительному распределению был направлен в деревню, которая находилась далеко от того места, где жила любимая. Увидев, как он переживает, я обратился к командиру: «У меня есть привилегия выбрать самостоятельно, где проходить службу. Поэтому пошлите, пожалуйста, этого парня, куда он просит, а меня отправьте в то место, где он должен был оказаться».

Этот солдат был мне очень благодарен, потому что не мог поверить, что кто-нибудь сделает для него такое. Остальные солдаты и офицеры также были потрясены моим поступком. Мне предложили три различных деревни, в которых я мог работать, и в итоге отправили в ту, которая находилась на расстоянии 500 километров от родительского дома.

С высоко поднятой головой

— С таким аттестатом, как у тебя, можно не сомневаться, что поступишь в университет.

Эти слова навсегда врезались в мою память. Их произнес один из моих учителей в Ахвазе, и это при том, что мы не успели близко познакомиться. Ведь там я учился всего один год, после того как нас изгнали из Хорремшехра.

Я понимал, что уже в полной мере оправдал ожидания родителей. Немногие дети среднего класса получили оконченное среднее образование, и еще меньше было тех, кому посчастливилось поступить в университет. Но для меня все было предельно ясно: если я хочу добиться успеха, необходимо получить высшее образование. Также я прекрасно осознавал, что хоть я и окончил школу с прекрасными оценками, это еще не гарантирует мне поступление в университет. Конкурс среди абитуриентов невероятно высок. Сотни тысяч выпускников школы пытаются стать студентами, но принять всех университет не может. Шансы получат только те, у кого действительно высокий потенциал, к тому же нужно успешно сдать чрезвычайно сложные вступительные экзамены.

Моя сестра, младше меня на два года, уже училась в мединституте. А я, отслужив уже два года в армии, все никак не мог поступить в университет. Впервые я почувствовал, что такое провал в учебе. Меня это совершенно выбило из колеи и, увы, сказалось на моем поведении.

К сожалению, мой отец смотрел на положение дел иначе. Он считал, что мне вовсе нет необходимости получать высшее образование.

— Куда ты торопишься? — говорил отец. — Ты тяжело трудился, достиг замечательных результатов. С таким аттестатом ты сможешь поступить на прекрасную работу и вполне неплохо зарабатывать.

Я его понимал. На протяжении многих лет ему приходилось тяжело работать и содержать семью в восемь душ, а если бы я пошел работать, то смог бы помогать родителям. Но я его не слушал. Желание учиться было столь велико, что я просто не был готов отказаться от высшего образования. Вежливо, но твердо я дал понять, что собираюсь поступить в университет, и будь что будет! Мой ответ вызвал серьезную ссору, и в течение некоторого времени наши с отцом отношения были натянутыми. Мама же, напротив, хранила молчание, и я это воспринимал как немую поддержку с ее стороны.

Дело чести: служба в полиции
Я искал любой способ поступить в высшее учебное заведение и выяснил, что служба в полиции может послужить хорошей ступенькой для зачисления в университет. Поэтому вскоре подал документы. Среди начальных требований было наличие аттестата зрелости и диплома об окончании курса в армии. Те, кто соответствовали этим критериям, должны были пройти полугодичную теоретическую подготовку, а затем еще двухлетнюю стажировку в различных районах страны. В этот период претенденты также обучались на офицерских курсах в академии полиции. Курс длился около 18 месяцев. Мне удалось поступить на эту программу только благодаря высоким оценкам в аттестате, они с лихвой компенсировали мою неблагонадежность, а также то, что моя мать не была иранкой по происхождению. Я и еще девять ребят были

приняты на специальный курс мотоциклистов, роль которых заключалась в сопровождении важных персон. Первые два года я был образцовым полицейским — инициативным, дисциплинированным, отдающим все силы и внимание делу. Я с нетерпением ждал, когда меня примут на обещанные офицерские курсы, однако по окончании обозначенного срока меня ошарашили. По каким-то причинам условия программы изменились, и нам сообщили, что мы не сможем поступить в Академию и стать офицерами полиции. Тогда мы с моим товарищем отправились на беседу с командирами, представляя интересы всей группы. Во время этой встречи я четко заявил: «Вы дали нам обещание и обязаны его выполнить!»

Однако, судя по всему, мои слова не были услышаны. Ответ был однозначным: вы не имеете права оспаривать решение командиров. При этом сама попытка обжалования была воспринята как бунт со всеми вытекающими последствиями.

Будучи очень темпераментным, а в те годы еще и чрезвычайно вспыльчивым, я был оскорблен до глубины души. Для меня ситуация была однозначной: мне дали обещание, а обещания следует выполнять! В те годы я различал лишь два цвета — белый и черный. Кто был не за меня, тот был против, а раз так — я должен воевать до победного конца.

Я решил объявить войну системе и заставить руководство выполнить данное нам обещание. В какой-то момент я даже остановил генерального инспектора полиции и сказал ему: «Вы обязаны выполнить данное вами обещание, в противном случае…» И чтобы у него или сопровождающих не оставалось сомнений в серьезности моих намерений, я показал им объявление, напечатанное в газете о приеме на службу в полиции, где были перечислены все льготы, включая те самые офицерские курсы. Реакция генерального инспектора была моментальной. Он приказал обрить меня наголо и посадить под арест на 27 дней.

Осознавая, что положение очень серьезное, я все же не сломался и был готов идти до конца, не соглашаясь приносить извинения. Ситуация была хуже некуда. Я был под арестом, в полном одиночестве, продвижение по службе было заморожено, и все, что мне оставалось делать, — это пассивно ждать неизвестности. Тогда я понятия не имел, выгонят ли меня из полиции, но, если честно, мне это было и не важно.

Спасение пришло, когда я его совсем не ждал. Позднее я узнал, что слухи о моем аресте и о шуме, который он вызвал, дошли до легендарной личности в Иране — полковника Ахмеда Джауана. Он изучил мое дело, увидел в нем массу рекомендаций и понял, что мое и товарищей недовольство было оправдано, так как было вызвано невыполнением обещания отправить нас на офицерские курсы. Полковник Джауан приехал навестить меня в тюрьме. Командование было, конечно, недовольно таким поступком с его стороны, но он не обращал внимания. Полковник говорил со мной отеческим голосом, тепло, терпеливо и очень уважительно. Его поведение глубоко меня тронуло, и я почувствовал, что этому человеку можно доверять. Он пообещал помочь мне при условии, что я перестану дерзить, и отметил, что, если я хочу, чтобы моя борьба была эффективной, я должен вести себя тише. Также он предложил мне уникальную возможность — каждое утро приходить в отделение полиции на утреннее построение и поднятие флага, а в оставшееся свободное время готовиться к вступительным экзаменам. Он сказал: «Ты талантливый человек и можешь поступить в университет».

Я принял предложение полковника Джауана и не пожалел об этом. Много времени уделяя учебе, я продолжал работать в полиции. Это изменило отношение начальства ко мне, и вскоре мне дали возможность записаться на экзамен для поступления на офицерские курсы. На этом экзамене я получил самый высокий бал.

Почти одновременно с тестами в Академию полиции я сдал и вступительные экзамены в Тегеранский университет. Это были очень тяжелые экзамены. В тот год одновременно со мной поступало 850 тысяч абитуриентов, из которых приняли всего 15 тысяч. Было трудно, но я успешно выдержал испытания и поступил на юридический факультет.

Четыре года учебы в Тегеранском университете были нелегкими, но я прошел их успешно и все это время продолжал работать в полиции. Плата за учебу в университете была мне не совсем по карману, но, благодаря своим успехам в университетской сборной, я получил особую стипендию. Ее мне дали после того, как я стал победителем университетского чемпионата по легкой атлетике. Благодаря этому я смог оплатить учебу.

Время побед — в спорте и любви
В 1972 году в моей жизни произошли существенные перемены. Я, убежденный холостяк, влюбился. Насколько я помню, в то время я работал в полиции и учился на юридическом факультете. При этом зависел от спортивной стипендии,

которую получил как чемпион Ирана, чтобы оплачивать учебу. В полиции же не знали, что я учусь, и поэтому я не мог представляться в университете полицейским.

Мама очень хотела, чтобы я женился, ведь к тому моменту мне уже было 26 лет. Однажды она сказала, что хочет познакомить меня с симпатичной девушкой.

— Я хочу пригласить ее вместе с мамой к нам на ужин, — сказала она.

Мне не понравилась эта идея, потому что я не был настроен на романтический лад, кроме того я был так занят, что для серьезных отношений просто не оставалось времени. Я, естественно, испытывал интерес к женщинам, но жениться не собирался. Несколькими неделями ранее мама ездила в Исфахан, где работал отец. Начальник отца пригласил свою жену и детей, чтобы показать им, где он работает, и предложил отцу пригласить и его жену. Там она и познакомилась с Гити, дочерью папиного начальника. Гити была образованной, красивой светловолосой девушкой с идеальной кожей. К тому времени она уже закончила учебу на факультете психологии и преподавала в средней школе. Гити произвела на мою маму неизгладимое впечатление.

В конце концов я поддался на мамины уговоры. Когда я встретился с Гити, я был буквально сражен ее умом и красотой. Мы сразу же понравились друг другу. Через несколько месяцев мы сообщили родителям, что любим друг друга и хотим строить совместное будущее.

Командиром полицейского участка, на котором я служил, был капитан Хасан Руста. Следуя традиции, я попросил его быть моим сватом. Он обратился к родителям Гити и попросил руки их дочери. Мы с Гити очень серьезно обсуждали нашу будущую жизнь. Одно лишь меня волновало — я был из семьи, которая принадлежала к среднему классу. Мои родители были образованными людьми, но сбережений у них не было, и уровень жизни семьи был средним. Гити же выросла в состоятельной семье. Я опасался, что ее запросы будут выше тех, которые я смогу удовлетворить.

Мы встречались в течение пяти месяцев, после чего объявили о своей помолвке, хоть я все еще и сомневался, смогу ли обеспечить Гити и ее семью. Мы были влюблены, но часто спорили по поводу финансов. Эти ссоры заставили меня принять очень тяжелое решение: за два месяца до свадьбы я сказал ей, что не смогу дать ту жизнь, которая ей необходима. Снял кольцо и положил на стол. Гити расплакалась, она понимала, как мне было тяжело. Она сказала, что не хочет отказываться от меня. Позже она спорила со своими родителями по поводу их требований ко мне и настояла на том, чтобы они были снижены. Мне же в свою очередь удалось найти компромиссное решение: я обещал сделать все возможное, чтобы обеспечить Гити, а ее семья, вернее отец, перестанут требовать от меня невозможного. Также я отдавал себе отчет, что понадобится дополнительный источник доходов, и, помимо работы в полиции, начал давать частные уроки. Кроме того, мне пришлось занять некоторую сумму у родителей, что их совсем не обрадовало.

В конечном итоге я женился на Гити, и у нас родился сын. Я стал отцом, и ответственность, которая была на меня возложена, возросла, но трудные задачи, которые возникали передо мной, только закаляли, и я решил, что непременно добьюсь успеха.

В августе 1973 года, через год после женитьбы, когда моему

сыну было всего два месяца, в период холодной войны между СССР и странами Запада, меня пригласили принять участие в Международной университетской олимпиаде, которая должна была пройти в Советском Союзе. В те годы поехать в СССР было мечтой каждого полицейского, а я об этом мечтал особенно, так как был чемпионом университетов Ирана. Мне необходимо было обратиться за разрешением в Службу национальной безопасности и разведки Ирана, потому что в то время уже существовал запрет на поездки в Россию. Я прошел все необходимые проверки и поехал в СССР, где познакомился со студентами из разных стран.

Перед поездкой иранская Служба национальной безопасности в течение трех месяцев готовила нас, инструктировала, что можно говорить, а что нет, как нужно себя вести. Они учили нас, как необходимо реагировать на ту или иную ситуацию. Кроме того, я прошел краткий курс русского языка в центре русской культуры.

На торжественном открытии олимпиады присутствовали студенты из различных стран, и мне очень понравилось участвовать в таком мероприятии, хотя мы, конечно, и не достигли на соревнованиях высоких результатов.

После того как я возвратился в Иран, ко мне обратились работники Службы национальной безопасности и пригласили на встречу. Они допросили меня обо всем, что происходило на олимпиаде. Тогда я порекомендовал им отправить всех «левых», которые учатся в различных университетах и не довольны политикой Ирана, на некоторое время в Россию. Пусть посмотрят, каково живется коммунистам, и тогда они все поймут и научатся ценить свою страну. Меня попросили написать отчет и похвалили за информацию, которую я в нем указал.

Дядя Муса был неформальным членом коммунистической партии. Он был активистом партии, но не афишировал этого. Когда я готовился к поездке, Муса очень волновался. Он называл Россию «матерью всех коммунистических стран». Он очень любил Россию, потому что родился в Бухаре, которая входила тогда в состав СССР. Перед поездкой он дал мне две маленьких бутылочки и попросил набрать в одну немного земли, а в другую - воды. Его просьба очень меня растрогала, потому что Муса нечасто проявлял свои чувства. Он всегда хотел побывать в городе, в котором родился, но ему не удавалось, и я выполнил его просьбу.

Когда я возвратился в Тегеран и принес ему две наполненные бутылочки, он расчувствовался и поцеловал их. Помню, он поставил их на полку как символ любимой родины.

Борьба с властями на пути к диплому

Передо мной стояла сложная задача. Очевидно, пришло время решить, что дальше — продолжать службу в полиции или податься в адвокатуру. Заниматься и тем, и другим параллельно я не мог. Ведь жандармерия, где я был закреплен, — это особое подразделение полиции, которое располагается за городом, то есть учиться и заниматься спортом при такой занятости было непросто. И хотя я так прожил восемь лет, теперь, когда учеба подходила к концу, хотелось что-то изменить.

При увольнении первым серьезным препятствием для меня стал иранский закон о полиции. Согласно ему, только непосредственно Главное управление может освободить служащего от занимаемой должности. Если же полицейский подает рапорт об отставке, начальство вправе отказать ему, причем без права обжалования этого решения. Однако мое желание уволиться на тот момент было столь велико, что, мне казалось, все средства хороши для его исполнения.

Я решил «завалить» руководство полиции письмами с просьбой об отставке. Сначала я получал вежливые отказы, а затем мои письма просто игнорировали. Но я не сдавался, хотя и прекрасно понимал, что эта писанина может существенно повредить моей карьере в полиции. По большому счету, я рассчитывал, что начальникам в какой-то момент просто надоест читать мои обращения, и меня уволят. Так, раз в несколько недель я отправлял очередное письмо и ждал. Но вскоре понял, что этого, увы, недостаточно и, чтобы пробить глухую стену, мне придется привлечь к себе внимание другим способом.

Как-то меня вызвали в кабинет к генералу Аминафшеру, занимавшему тогда одну из самых высоких должностей в полиции. Его заинтересовало мое дело — как мне удается, оставаясь полицейским, учиться на юриста и при этом еще и быть чемпионом университетской лиги. К тому же в моих документах была пометка о том, что я ездил на студенческую олимпиаду в СССР. Генерал решил познакомиться лично и отправил в мое отделение запрос, в котором вызывал меня на аудиенцию.

Здесь важно понимать, что иранские армия и полиция в те времена стремились во всем быть образцовыми. И в первую очередь это проявлялось в том, что все служащие были обязаны выглядеть презентабельно, то есть опрятно. Каждое утро офицеры проверяли внешний вид солдат:

аккуратная короткая стрижка, гладко выбритое лицо, до блеска начищенные ботинки и идеально выглаженная форма. Все должно быть в лучшем виде. Но меня это мало касалось. Так уж сложилось, что за четыре года учебы в университете я заслужил уважение сослуживцев, а с ним получил и некоторые поблажки относительно дисциплины. Честно сказать, я вел себя так, как хотел, и друзья меня покрывали. Внешний вид меня заботил крайне мало — носил длинные волосы, бороду, да еще и форма у меня была неаккуратной и невыглаженной.

Таким я и прибыл в канцелярию генерала Аминафшера, зашел в кабинет. Там, кроме него, были еще два генерала. Как положено, я отдал им честь. Когда же я снял берет, один из присутствующих обратил внимание на мою прическу, длинную бороду и, к тому же, мятую форму. Генерал сердито закричал: «Кто тебя проверял сегодня утром?» В полиции он был известен своим строгим нравом, и все его боялись.

Я вскипел. Но вовсе не от стыда, а от возмущения. Я был крайне зол и раздосадован, что 170 писем (!) с просьбами об увольнении, которые я отправлял руководству, были проигнорированы, и мне ничего не оставалось, как явиться на эту важную встречу в таком непристойном виде, чтобы выразить протест против пренебрежения в свой адрес.

Генерал попросил меня расстегнуть китель. Я потянулся к воротнику и резко, с силой дернул. В этом жесте выразилось все мое недовольство сложившейся ситуацией. Одна из пуговиц кителя (медная, с гербом государства) оторвалась и со звоном, отчетливо различимым в мгновенно наступившей тишине, покатилась по полу. Вспоминая тот случай, я понимаю, что повел себя тогда крайне глупо перед высоким начальством.

Присутствующие не могли поверить, что кто-то отважится

вести себя столь дерзко. Мой внешний вид и поведение были своего рода пощечиной власти, и они не могли скрыть своего негодования. Но генерал быстро нашелся и, не переставая возмущаться, набрал по телефону своего заместителя, капитана Салашора: «Немедленно зайди ко мне и возьми под арест этого идиота… этого хулигана!»

Капитан тут же явился в канцелярию. Увидев мое возмущенное лицо и порванный китель, ненадолго замешкался. Но спустя мгновение уже направился ко мне, чтобы выполнить приказ генерала. Мне удалось оттолкнуть его, и я воспользовался моментом, чтобы высказать накипевшее генералу:

— Не вы устроили меня учиться на юридическом факультете. Я добился этого сам. И через несколько недель я уже успешно закончу учебу. Я многократно писал вам! Почему вы не ответили мне ни разу?

Лицо генерала побагровело от злости, но он сделал вид, что не услышал моих слов, и тут же приказал побрить меня наголо и посадить в тюрьму. Немедленно в дверях возникли несколько солдат и направились в мою сторону. Пока они пытались скрутить меня, я успел прокричать:

— Генерал! Во главе этого государства стоит шах. Его приказ — все офицеры армии должны получить образование. Я же, простой полицейский, сам, только благодаря своим способностям, добился поступления в университет. Так я выполнил пожелание шаха. И вы не можете остановить меня! Я не боюсь тюрьмы, пусть меня судят офицеры армии, потому что уверен, что прав, и моя правота будет доказана. Суд только подтвердит, что я действовал в соответствии с законом и желанием шаха. Я много раз обращался к вам, но вы ни разу не потрудились ответить. Через три недели состоятся выпускные экзамены, и я обещаю вам, если меня не допустят к ним, то я подожгу себя, и в огне буду кричать, что в моей смерти виноват генерал, действующий вопреки приказу шаха!

По выражению лица генерала я понял, что мои слова повергли его в шок. Конечно, он осознавал, в какой ловушке оказался.

Через 12 дней заключения ко мне в камеру пришел заместитель генерала.

— Послушай, ты, везунчик, — сказал он, — генерал приказал мне зайти к тебе и спросить, какие учебники тебе нужны, чтобы подготовиться к экзаменам. Напиши список, и я позабочусь о том, чтобы тебе их доставили.

— Я не везунчик, я добился всего только собственным трудом, — ответил я капитану, — но все равно передайте генералу мою благодарность.

Я составил список учебников и всего того, что было мне необходимо. Попросил своего гостя передать его моей жене, чтобы она все собрала. И уже спустя некоторое время я получил большой сверток, в котором было все, что я заказал. В тюрьме свободного времени много, поэтому я мог усердно учиться.

На экзамен я появился побритым наголо, в одежде заключенного да еще и в сопровождении двух вооруженных полицейских. Вот так выпускник! Студенты даже не поверили, что такое возможно — из тюрьмы к доске.

После того как все экзамены закончились, по поручению генерала ко мне в камеру явился капитан, чтобы узнать, все ли я сдал.

— Да, спасибо, — ответил я.

— Пойди, приведи себя в порядок, надень форму и отправляйся в канцелярию. Генерал желает опять с тобой встретиться.

— Мой китель порван, — сказал я, — а другого у меня нет.

Я попросил его съездить ко мне домой и привезти мой парадно-выходной костюм и галстук-бабочку. Мне хотелось появиться у генерала именно в гражданской одежде, показав тем самым, что не сожалею о своем поступке, и в тоже время дать понять, что это он вел себя неуважительно и неэтично в той ситуации, а не я. Так и вышло...

Когда я вновь вошел в канцелярию генерала, то выглядел очень солидно. Высокие чины, присутствовавшие там по своим делам, увидев меня, даже немного заволновались.

— Ты же хороший человек, способный, отличный спортсмен, а теперь еще юрист. Почему же ты так себя вел? — спросил меня кто-то из них.

— К огромному сожалению, мне не оставили выбора, — ответил я.

В конце концов командир принял мой рапорт об увольнении, и я ушел из полиции. А спустя еще несколько дней уже стал членом коллегии адвокатов Ирана.

Жизнь во Франции: в тихом омуте...

Два года службы в армии и восемь лет в полиции закалили меня и подготовили к будущему, которое еще только начиналось. После долгих лет мытарств и борьбы я наконец стал адвокатом. Я очень гордился своей ученой степенью и перестал завидовать своей младшей сестре, которая к тому моменту уже была врачом. Она поступила в университет раньше меня и, соответственно, степень получила тоже раньше. Таким образом, я чувствовал, что просто обязан не отставать от нее.

Через несколько недель после завершения учебы я решил поехать во Францию поступать на вторую степень, затем планировал защитить докторскую. Это решение сформировалось у меня, в том числе, после моего разговора с императрицей Фарах Пехлеви. Когда я стал чемпионом университетской лиги, мне посчастливилось несколько раз встречаться с ее величеством Фарах Пехлеви. Каждый год императрица приезжала в университет и встречалась со студентами-отличниками. Меня дважды представляли ей, но я ни разу не воспользовался возможностью, чтобы рассказать ей о своей борьбе с командованием полиции. Я не хотел просить ее вмешиваться в ситуацию. Несмотря на то, что это было весьма заманчиво, мне все же хотелось решить проблему самостоятельно. Во время нашей второй встречи, незадолго до окончания учебы и службы, императрица спросила:

— Каковы ваши планы после окончания учебы?

— Ваше величество, я хотел бы работать адвокатом в Иране, — ответил я, — потому что верю, что рожден для того, чтобы помогать своему народу.

Императрица кивнула и сказала:

— Если хотите, вы могли бы продолжить учебу на вторую степень и поступить в докторантуру в Париже, а затем сможете вернуться в Иран и помочь нам улучшить положение на родине.

Предложение императрицы открывало для меня возможность получить особую стипендию, но гордость победила, и я решил не просить о материальной помощи. Мне хотелось всего достичь самостоятельно.

Я приехал учиться во Францию вместе с женой и двумя детьми (дочерью Бахарой, которой было всего два месяца, и четырехлетним сыном Пейманом). Как иранский адвокат, я должен был наладить отношения с общиной, проживающей во Франции. Я снял уютную квартирку рядом с Эйфелевой башней, полагая, что во время учебы в Сорбонне смогу принимать иранских клиентов. Моя жена Гити была психологом, и она также собиралась продолжить учебу во Франции. Мы жили в достатке, я усердно работал и успешно учился. В сентябре 1980 года я получил вторую юридическую степень, а спустя четыре года защитил диссертацию.

Яростная борьба с исламским режимом

Когда в 1978 году Хомейни прибыл в Париж, я уже развернул бурную политическую деятельность против него. Я полагаю, что был первым иранцем, который противился его личности во Франции, потому что считал, что это ничтожество задалось целью уничтожить мою родину.

В те дни Хомейни получал широкую поддержку иранцев, в особенности тех, что жили за рубежом. Даже коммунисты поддержали его — уже только потому, что он был противником шаха. Два студента-дипломата, коммунисты по своим взглядам, с которыми я был хорошо знаком по парижской Школе права, очень удивились тому, что я объявил себя противником Хомейни.

— Вы заблуждаетесь! — говорил им я. — Завтра вы закончите учебу, и вам придется служить этому человеку!

Они решили, что я работаю в тайной полиции Ирана, хотя это было не так, и сказали, что время шаха прошло.

Я был взбешен:

— Вы ведь дипломаты и просто обязаны выступить против Хомейни!

Но они меня не слушали и в то же время не были готовы защищать свои взгляды.

Должен отметить, что такая реакция была типичной для многих иранцев, по крайней мере для тех, с которыми я был знаком в Париже. Эта ситуация приводила меня в отчаяние. Я хорошо понимал, что ожидает Иран, если Хомейни придет к власти. Поскольку в детстве я получил строгое религиозное воспитание, то хорошо осознавал, каково будет будущее моей страны, если в нем будет установлен шиитский режим. Со временем оказалось, что мои опасения подтвердились, но в те времена я был, что называется, «один в поле не воин». Поэтому я был в смятении и плохо понимал, что делать в такой ситуации. Меня крайне тревожили беспорядки, происходившие в Иране, и я очень боялся за свою семью. Власти ежедневно беспощадно убивали своих противников. В то же время дядя моей жены, Ибрагим Язди, был представителем Хомейни в Америке, а затем стал первым министром иностранных дел будущей Исламской Республики.

Язди и его приближенные звонили мне и говорили о том,

что время шаха прошло и что теперь настало время Хомейни.

— Ты должен сотрудничать с ним! — говорили они.

В ответ я говорил им неприятные вещи о Хомейни, что очень их злило. Они были уверены, что я веду себя глупо, придерживаясь своих принципов. А я оставался верным националистом, любящим свою страну. Я готов был изменить свое мнение о чем угодно, но ни в коем случае не отказаться от своей родины. Как говорится в одной пословице, можно сменить грязную рубашку, но только не родину и национальность.

Моя настойчивая и бескомпромиссная позиция приносила мне вред во всех отношениях, в особенности в общественной и семейной жизни. Многие друзья стали меня избегать, и вскоре я оказался полностью отлученным от семьи своей жены. К моему изумлению, Гити оказалась на стороне своих родственников и, так же как они, считала, что моя позиция не имеет ничего общего с действительностью. В попытке убедить меня изменить свое мнение в Париж приехали ее мать и сестра. Они вполне недвусмысленно дали мне понять, что, если я хочу добиться успеха, мне придется сотрудничать с Хомейни и с семьей, в противном случае я все потеряю. Ситуация изменилась, шах все потерял, — убеждали они, — никто уже больше не поддерживает шаха, и ты не сможешь действовать в одиночку.

Такие разговоры приводили меня в бешенство.

— Возможно, шаху пришел конец, — закричал я, — но Хомейни приведет к концу нашу страну. Этот черный таракан испортит все хорошее, что еще осталось у нас, и вернет нас в средневековье. Вы этого просто не понимаете!

Они только беспомощно качали головой и смотрели на

меня с жалостью. Им, конечно, казалось, что я полный дурак, который не в состоянии осознать происходящее. Но судьба распорядилась таким образом, что я оказался совершенно прав.

Мы с отцом никогда не обсуждали политику, больше говорили о литературе, и поэтому я очень удивился, получив от него письмо. В шапке он написал: «Да здравствует Иран, да здравствует шах!» Впервые в жизни мой отец высказал четкую политическую позицию и сделал это в письме ко мне. Читая его, я расчувствовался до слез. Его строки утвердили меня в моей же позиции и придали сил. Со слов отца я понял, что он полностью разделяет мое мнение. Он был первым человеком в моей жизни, который дал мне почувствовать, что я не одинок в своем непринятии Хомейни. Он сознавал, что это письмо подвергает его опасности, и поэтому я очень гордился его поступком. Теперь я понял, почему отец относился к племени Шахсаван («Верный шаху»), известному тем, что оно оказывало поддержку шаху.

В тот момент я понял, что мой отец — герой, несмотря на то, что он не действовал открыто. Он уважал лидера страны, шаха, оставался верным монархии, которая сохранялась в Иране на протяжении многих тысячелетий.

Родственники жены сказали мне, что Хомейни называют «Святая святых» и что только я продолжаю упорствовать и утверждать, что он не такой. Такие разговоры часто приводили к серьезным ссорам, и это разрушало нашу семейную жизнь.

Я помню первый день, когда Хомейни приехал в Париж из Ирака, где находился в изгнании в течение 15 лет. Через три месяца он возвратился в Иран, и началась исламская революция. Все мои друзья и даже дипломаты пошли встретиться с Хомейни, выказать ему свою поддержку. Я же отказался присоединиться к ним и даже всячески демонстрировал свое несогласие с их поведением.

Затем меня спросили:

— Почему ты не пришел?

— Вы все сошли с ума! — закричал я. — Вы еще заплатите горькую цену за то, что поддерживаете этого невежественного узурпатора.

Друзья смотрели на меня с жалостью и качали головой.

В Иране шла исламская революция, а я в это время был занят учебой, работой и думал, как обеспечить свою семью. В нашем многоквартирном доме в квартире по соседству жила семья, приехавшая из Ирана. Глава семьи был офицером иранской армии, звали его полковник Мутальби. Он приехал в Париж учиться в военной академии. В Иране перспективных офицеров отправляли учиться за счет государства в военной академии Сен-Сир, курс длился около года. Полковник Мутальби был одним из таких офицеров. Мы часто беседовали с ним о революции, и он высказывал свои опасения. За несколько часов до того, как исламская революция пришла на смену старому режиму, мы вместе с нашими семьями ужинали и слушали по радио сводки о революции. С трудом верилось, что шах свергнут и теперь в Иране появится новый режим в духе ислама.

Мехди Базарган был избран первым главой правительства Хомейни. Что касается меня, то в тот момент, когда Хомейни представил свое правительство во главе с Базарганом, этот человек стал для меня врагом народа, и я считал необходимым сделать все, чтобы сместить его с этой должности.

Мы с полковником со злости пили водку и были очень раздражены происходящим. Вдруг полковник взял наполненную рюмку, поставил ее передо мной и сказал:

— За здоровье Мехди Базаргана!

Я был в шоке от его слов.

— Что ты такое говоришь?

— Мы ошибаемся, — сказал Мутальби, — шах мертв!

Я поднял свою рюмку, выплеснул водку на стол и выругался, затем обернулся к жене и детям и приказал им немедленно покинуть дом этого человека. Я поверить не мог, что офицер армии посмеет выступить против шаха, поддержав его злейшего врага.

Моя реакция оскорбила полковника, и в течение нескольких дней мы не разговаривали. Я ненавидел и его самого, и его семью, но жены наши продолжали дружить. Гити пожаловалась мне, что полковник сказал своей жене, что я — сумасшедший экстремист, слепо хранящий верность шаху.

Я знал, что каждое утро Мутальби выходит очень рано и направляется в военную академию. Однажды, услышав его шаги, я распахнул свою дверь, выскочил в парадное и сорвал с него погоны. Я сказал, что он не имеет права их носить. Он ужасно рассердился. Когда приехали меня арестовывать, я даже не стал оказывать сопротивление. Полиция потребовала, чтобы я не приближался к нему, иначе буду наказан по всей строгости закона, и продержала меня под арестом два дня.

Полковник возвратился в Иран уже через несколько дней после того инцидента, а его жена и дети остались в Париже. Он сразу получил повышение, потому что поддержал исламскую революцию, но, пробыв там всего полгода, возвратился в Париж.

Сомнения и поездка в Рабат

Я все еще раздумывал над тем, как мне быть дальше, и искал союзников, когда неожиданно встретил хорошего друга, Хумайуна Арами, который только что приехал из Ирана. До исламской революции его отец был генералом иранской армии. Некогда между нами были прекрасные отношения. Во время нашей встречи Хумайун отметил, что пробудет в Париже всего несколько дней. Он говорил со мной очень откровенно и признался, что удивлен моей деятельностью и моими взглядами. Конечно, мы говорили о политике. Я сказал, что из-за своих взглядов я остался совершенно один и чувствую, что ничего не могу сделать, чтобы как-то изменить сложившуюся ситуацию. Хумайун посоветовал мне съездить в Марокко и поговорить с живущим в изгнании шахом.

Я поразмыслил над его советом и в конечном итоге решил, что это хорошая идея. Затем купил билет «Париж — Касабланка» в один конец. Этот поступок привел к тому, что в моей семье произошел разрыв, который впоследствии мне уже не удалось исправить. Я любил свою семью, обожал жену и детей, но понимал, что политические разногласия изменили Гити, и я не готов был это принять. Я оставил своих детей, когда сыну было шесть лет, а дочери — два года.

Свою поездку я держал в секрете, в том числе от семьи, потому что знал, что любой, кто свяжется с шахом, будет казнен властями Исламской Республики. Я просто не хотел подвергать их опасности. Я полагал, что, если что-нибудь случится, я, по крайней мере, буду знать, что сделал все, что мог, для своей страны. Близких мне расстраивать не хотелось, поэтому я сказал, что уезжаю из Парижа всего на пару дней.

Я отправился в Рабат, столицу Марокко, чтобы сообщить шаху о своем военном опыте. В частности, о своих навыках метко стрелять, которыми я готов воспользоваться, чтобы уничтожить злейшего врага Ирана — Аятоллу Хомейни, отправившись в Тегеран. Я считал, что в этом состоит мой долг — долг солдата, верного своему народу.

Я прибыл в Рабат 20 марта 1979 года, за два дня до праздника Новруз (персидский Новый год). В аэропорту меня допросили офицеры разведки.

— Почему вы не подали просьбу о получении визы в Марокко? — спросили они.

— Потому что не знал, что это необходимо, — ответил я.

Мой ответ о том, в чем заключается цель моего визита в Марокко, здорово удивил офицера.

— Я студент юридического факультета, простой человек, и я хотел бы встретиться с шахом!

После такого ответа меня буквально засыпали вопросами, потому что такого там еще не бывало. Я пытался сохранять спокойствие и отвечать на вопросы откровенно.

Меня спрашивали о семье, о моем образовании и профессии, о службе в армии и в особенности — о моих взглядах на то, что происходит в Иране после исламской революции. В конце концов, меня спросили, каковы мои отношения с династией Пахлави. Следователи очень хотели знать, почему я приехал встретиться с ними и что именно я хочу им передать. Я ответил на все вопросы кроме одного — о чем я хочу поговорить с шахом. Я объяснил, что это очень личное и поговорить с шахом было моей инициативой. Еще я добавил, что в первый день праздника Новруз я имею право посетить шаха даже без приглашения, потому что такова традиция.

Допрос длился несколько часов, после чего один из следователей набрал на телефонном аппарате какой-то номер и передал мне трубку. На противоположном конце линии я услышал мужской голос. Мужчина очень хорошо говорил на фарси. Он спросил меня, кто я такой, что я собираюсь делать в Марокко и почему я хочу побеседовать с шахом. Еще он спросил меня, встречался ли я когда-нибудь с кем-то из королевской семьи. Я ответил, что в прошлом встречался с императрицей, когда был чемпионом университета по легкой атлетике. Тогда он пообещал, что через полчаса за мной приедут.

Прибыли четверо мужчин в черных костюмах — три марокканца и один иранец. Они провели меня к «Мерседесу» с дипломатическим номером, на котором развивался иранский флаг. Меня отвезли в какой-то дом, где уже ожидали два иранских офицера. Они представились, затем начали задавать мне те же вопросы, на которые я уже отвечал в аэропорту. После допроса меня поселили в шикарном двухкомнатном номере, сказали, что слуги позаботятся обо всем необходимом, и вежливо попросили не покидать комнату. Через некоторое время они вернулись и стали выяснять, что именно я хочу сказать шаху. Они требовали, чтобы я рассказал, в чем суть моего сообщения шаху и в чем заключается цель визита, но я настаивал на том, что буду говорить только лично с шахом.

Через некоторое время я услышал голоса в коридоре. Дверь моего номера открылась, и к своей радости я увидел, что входит императрица в сопровождении группы людей. Присутствующие поцеловали руку императрице и удалились. Она подошла ко мне, и мы остались в комнате одни. Императрица стала задавать мне вопросы. Спросила, кто я, зачем приехал, где учился. Затем я спросил ее, помнит ли она меня. Она ответила, что смутно припоминает, что мы встречались года два тому назад в Тегеранском университете. Она сказала, что император болен и она пришла поговорить со мной вместо него. Я сказал, что в течение 10 лет служил своей стране, сперва в армии, затем в полиции. Я отметил, что был лучшим снайпером и даже получил медаль.

— Я отмечаю свои военные способности, — взволнованно сказал я императрице, — потому что у меня есть к вам предложение. Я готов поехать в Тегеран и отправиться в Мидрасе Алави, где находится Хомейни. Как верный солдат я готов совершить покушение на Хомейни, потому что верю, что он несет гибель моей стране. Сразу же после этого я застрелюсь, и никто не узнает о том, что я совершил этот поступок с ведома шаха. Это будет поступок верного солдата, который желает добра своей стране и готов пожертвовать ради нее собственной жизнью, — добавил я и отметил, что в праздник Новруз каждый иранец дарит подарок другому человеку и я прошу императрицу рассматривать мое предложение как «праздничный подарок» моему народу.

Императрица была крайне удивлена моему предложению. Она не знала, что ответить, начала курить сигареты одну за другой и выглядела очень грустной.

— Это очень сложный вопрос.

Немного подумав, она поблагодарила меня за намерение пожертвовать собой ради иранского народа, но ответ ее был отрицательным.

— Я уверена, если я передам ваше предложение императору, он тоже откажет.

— Почему вы так думаете? — разочарованно спросил я.

— Потому что мы не террористы, — с улыбкой ответила императрица.

После нашей беседы императрица посоветовала мне возвращаться во Францию к жене и детям. Она сказала, что испытывает ко мне большое уважение.

— Вы послужите своей стране намного лучше, если возвратитесь домой и постараетесь найти людей, которые думают так же, как и вы.

Через два дня я возвратился в Париж. Позвонил брату, сестре и двоюродным братьям, один из которых был летчиком в иранской армии. Я попросил их всех приехать во Францию. У меня было на то две причины. Первая заключалась в том, что они были в опасности, а вторая — мне нужны были верные друзья. Я верил, что вместе со своей семьей я могу начать создавать оппозицию, которая будет бороться с существующим в Иране режимом. Кроме того, я сотрудничал с Шапуром Бахтияром, последним премьер-министром Ирана в период правления шаха, который успел проработать в этой должности всего 37 дней, после чего Хомейни отправил его в отставку.

Поначалу я делал все возможное, чтобы поддерживать связь с Бахтияром, но со временем понял, что это бессмысленно из-за непреодолимых разногласий между нами. Первая причина наших споров заключалась в том, что я не принимал его заявление о том, об организации бегства шаха за границу. Я верил, что шах уехал самостоятельно. Вторая причина была в том, что он отменил тайную полицию Ирана, «САВАК». Я считал, что этот ход был ошибочным и государство, даже демократическое, не может существовать без тайной полиции, роль которой заключается в обеспечении правопорядка в стране. Третья же причина заключалась в том, что в период своего правления он сотрудничал с Хомейни. Я считал это непростительным. Поэтому я прекратил всякие отношения с Бахтияром, ничуть не сожалея об этом, и стал искать других людей, которые были готовы начать борьбу за свержение Хомейни и его сторонников.

Тогда я еще не знал, что путь этот будет долгим и нелегким, впрочем, может быть, это было и к лучшему. Вполне допускаю, что, знай я тогда, как будут развиваться события, я вел бы себя несколько иначе. Но я не пророк.

Продолжение борьбы

После революции, в апреле 1979 года, правительство Хомейни провело референдум, цель которого была проверить, что на самом деле думают иранцы о революции. Вопрос референдума был сформулирован так: «Одобряете ли вы Исламскую революцию и признаете ли Исламскую Республику?» Опрос проводился не только среди жителей страны, но также и среди иранцев, проживавших за рубежом. В Париже тысячи людей стояли в очереди у здания иранского посольства, расположенного на улице Йена, и ждали возможности принять участие в референдуме. Очередь растянулась на несколько километров. Когда я вошел в здание посольства, я увидел, что избирательная кабинка скрыта занавеской. В кабинке было две большие стопки билетов. В одной стопке были красные билеты, и на них было написано: «Нет, я не одобряю исламскую революцию». Во второй стопке были зеленые билеты, на которых было написано: «Да, я одобряю исламскую революцию». Каждый, кто приходил голосовать, должен был предъявить свой иранский паспорт и зарегистрироваться.

Я простоял в очереди много часов, с нетерпением ожидая возможности реализовать свое право голоса. Когда я вошел в здание посольства, я заметил, что работники пополняют стопку с зелеными билетами, а к красной стопке не прикасаются. Я понял, что никто не выбирает красные билеты, только зеленые. Когда подошла моя очередь вложить конверт в избирательную урну, вокруг которой сидели контролеры, следившие за тем, чтобы голосование проходило надлежащим образом, я положил красный билет в конверт и прокричал: «Каждый, кто не проголосует так же, как я, выносит смертный приговор нашей стране, потому что вы голосуете за врага!»

Контролеры очень рассердились на меня, стали кричать и оскорблять меня. Очередь же просто подняла меня на смех. Я опустил свой конверт в избирательную урну и снова прокричал: «Каждый, кто не голосует так же, как я, совершает ужасную ошибку и ведет Иран к полной катастрофе!»

Спустя несколько месяцев я встретил одного из противников исламского режима, генералаАвиси. За жесткое отношение к своим противникам и за ярко выраженную антикоммунистическую политику иранская пресса нарекла его «Тегеранским мясником».

— Если то, что о тебе говорят, верно и если ты достаточно сильный человек, мы сможем действовать сообща, — сказал он. — К нам присоединятся 500 моих человек, мы проникнем в Иран и начнем борьбу с исламским режимом.

Я чуть не закричал от восторга. Мне очень хотелось провести настоящую эффективную акцию против иранских властей. Но генерал очень скоро охладил мой пыл, достав из кармана маленькую книжечку Корана и положив на него свою руку.

— Нужно действовать спокойно и продуманно, — сказал он, глядя мне прямо в глаза, — шаху не представилась возможность действовать против своих противников, потому что ему помешали внешние силы. Мы же, напротив, должны подождать нужного момента и получить помощь, которая позволит нам достичь успеха. Сейчас я веду переговоры с американцами, и у меня есть основания полагать, что у нас с ними есть общие интересы. Их поддержка очень нам поможет и перевесит чашу в нашу сторону.

Я был разочарован. Мало того, что он поклялся на Коране, символе ислама, который был насажден в Иране силой, еще больше меня разочаровала его готовность действовать в соответствии с интересами американской международной политики. Генерал был известен как человек дела, с сильным характером и доказанными возможностями, но его нерешительность меня очень расстроила, и я понял, что нужно искать соратников, которые будут действовать не по указке заинтересованных лиц, а исключительно в интересах иранского народа, чтобы возродить настоящий Иран — просвещенную, прогрессивную страну, пользующуюся уважением других народов.

Я связался с принцессой Азадой, племянницей шаха. Через несколько дней после переговоров с моими людьми она сказала мне, что многое поняла и может мне доверять так же, как своему брату Шахриару, светлая ему память. Ее слова были большим комплиментом и очень меня растрогали. До исламской революции Шахриар был активным оппозиционером, офицером иранского морского флота. За свою деятельность ему пришлось заплатить высокую цену: агенты Исламской Республики убили его.

Я согласился быть ее соратником по борьбе с Исламской Республикой.

Новый этап — основание «Джавана»

Следует помнить, что в то время абсолютное большинство иранского народа поддерживало Исламскую революцию и найти людей, готовых оказать открытое сопротивление, было не так просто. Я пытался собрать вокруг себя свою семью и лучших друзей, разговаривал с разными людьми, объяснял им, что исламская революция не принесет будущим поколениям ничего хорошего и что для нашей страны это настоящая катастрофа.

Длительные беседы и активная деятельность принесли плоды, мне удалось собрать небольшую, но сплоченную группу активистов, понимавших, насколько важно бороться с исламским режимом в Иране. База для оппозиции была создана, но этого было мало. Я понимал, что необходимо создать организацию, которая объединит всех противников исламского режима. И тогда я принял решение создать военизированную структуру, обладающую оперативными возможностями, которая сможет оказать военное сопротивление режиму аятолл. Организация, которую мы с друзьями создали, называлась «Джаван», в переводе с фарси это слово означает «молодой». Название было связано с тем, что большинство людей, которых я собрал вокруг себя, были студентами в возрасте от 15 до 25 лет.

Я считаю, что в ходе американо-франко-германо-британского саммита на острове Гваделупа лидеры четырех стран — Картер, Жискар д'Эстен, Шмидт и Каллаган, решившие заменить шаха на Хомейни, не знали, что теория «зеленого пояса», разработанная Збигневым Бжезинским для сдерживания СССР, в конечном итоге сыграет на руку исламским экстремистам и коммунистам в Иране и других мусульманских странах. Об этом я подробно писал в своей докторской диссертации, которую защитил в 1984 году в Парижском университете.

В течение следующих месяцев мы провели множество мероприятий среди студентов, как в Европе, так и в США. Набрали верных и преданных делу ребят, которые со временем поняли, что Исламская Республика принесла иранскому народу несчастье и что людям она не принесет никакой пользы. Мы публиковали статьи, доклады и интервью, в которых выражали свои чувства по отношению к исламскому режиму в Иране. Беседовали с выходцами из Ирана и другими людьми, которые сотрудничали с системой, пытались объяснить им, как они ошибаются. Мы признавали, что правительство шаха часто принимало ошибочные решения, в особенности это касалось излишней строгости в ряде вопросов, но вместе с тем абсолютно очевидно, что это правительство было несравненно лучше экстремистского исламского режима. Насилие, которое приписывали властям шаха, было детской игрой по сравнению с тем, которое с энтузиазмом вводили Хомейни и его приспешники, расстреливая граждан без разбора, в особенности солдат и офицеров, которых считали сторонниками шаха.

Трения и конфронтации

Немногие с нами соглашались, над нами смеялись, нас презирали, наши идеи отметали, причем не только сторонники ислама, но даже коммунисты. Но мы не отчаивались. Мы твердо верили в то, что следует любым способом клеймить исламский режим. Мы атаковали иранское посольство и культурные центры в различных городах Европы, срывали портреты Хомейни, вывешенные там, боролись с исламскими фундаменталистами. Следует отметить, что большинство членов нашего движения были мусульманами, но из тех, которые были противниками исламской революции и осознавали, какую опасность она представляет для Ирана.

Во время одной из наших акций мы водрузили национальный иранский флаг на Эйфелеву башню. Нам удалось тайком пронести все необходимые детали, потому что на башню запрещалось поднимать какие-либо предметы. Мы хотели достучаться до граждан всех стран мира, показать им красоту Ирана, связанную с его древней культурой, а не ту темную сторону, которая базируется на отсталом шиитском экстремизме.

Нам не раз приходилось вступать в конфликт с агентами Исламской Республики в университетах, школах и культурных центрах различных европейских городов. Некоторые стычки были агрессивными, но мы не унывали, потому что твердо намеревались доказать людям, поддерживающим иранские власти, что им не удастся прекратить нашу деятельность.

Парижский университет был полон агентов исламского режима, многие студенты были приверженцами группировки «Муджахидин Халк» или коммунистами. Эти политические группы действовали в европейских университетах и называли себя проиранскими группами. Например, иранский студент, который не относился ни к одной из этих групп, не мог высказать свое мнение по политическим вопросам, его просто не слушали.

Решив изменить эту ситуацию и установить новый порядок, мы созвали ядро «Джавана», в которое входили 25 мужчин и две женщины, и отправились в Парижский университет, чтобы продемонстрировать свое присутствие и огласить иранским студентам нашу позицию. Каждую субботу в университете встречались порядка 800 иранцев и проводили дискуссии на актуальные темы, но для нашей группы «Джаван» в этих мероприятиях не было места, несмотря на то, что у нас была твердая позиция по обсуждаемым вопросам.

В одну из таких суббот мы вышли на университетскую площадь. Я нес в руках иранский флаг высотой три метра, а остальные студенты шли за мной. Все присутствовавшие на площади студенты замолчали, неожиданно наступила тишина, длившаяся несколько минут. Они никогда не видели в университете такой демонстрации лояльности со стороны националистически настроенных иранцев. Некоторое время они потрясенно наблюдали за происходящим. Мы шли и пели национальный гимн Ирана, а они расступались перед нами. Мы шествовали гордо, с высоко поднятыми головами. Они никогда еще не видели такой дисциплины и веры в правоту своих действий. И тогда я громко сказал: «В этот день мы хотим освободить Иран от врагов иранского народа!»

Закончив петь гимн, мы подошли к трибуне и огласили, что любим свой народ и храним ему верность. Мы выкрикивали слова осуждения коммунистам и сторонникам Муджахидина, которые выбрали путь террора, а также исламистам, не имеющим ничего общего с персидской культурой. Через несколько минут, когда присутствовавшие студенты уже поняли, чего мы хотим, стали раздаваться крики «Смерть Бахтияру!» Это было неожиданно, поскольку мы вовсе его не поддерживали. Сразу же после этого они стали нападать на нас. Пришлось защищаться и выстроиться плечом к плечу, чтобы устоять перед разъяренной толпой. Драка длилась минут 45, и в результате многие из нас получили серьезные ранения. Наш флаг был сломан, фотокамеры, которые мы принесли, чтобы запечатлеть событие, — разбиты. Приехала полиция и отправила некоторых из нас в больницу, я оказался как раз среди них.

Пока я лежал в палате, меня навещало множество иранцев. Они поздравляли и хвалили нас за то, что мы впервые атаковали шиитский режим. Именно так это событие освещалось в прессе. Императрица Фара прислала мне корзину цветов и даже приехала навестить меня в больнице.

— Вы помните, как год тому назад приезжали ко мне и сделали некое предложение? Знайте же, то, что вы сделали сейчас, в сто раз полезнее, — сказала императрица.

Акция, проведенная в университете, принесла нашей организации известность и создала хорошую репутацию. Множество людей захотело помочь нам что-то изменить. В праздник Новруз ко мне пришел один очень богатый иранец и спросил, чем может быть полезен.

— Этим ребятам не на что жить. За то, что они сотрудничают с нами, иранские власти не позволяют родителям посылать им деньги. Студенты не могут оплатить аренду квартиры, и я за них очень беспокоюсь, — ответил я.

Мой гость предложил мне организовать большой праздник в честь Новруз в саду «Де Ивлин», что в 80 километрах от Парижа. В рамках него, на 13-й день, мы провели большой прием, пригласив на мероприятие много выходцев из Ирана. Так мне удалось побеседовать с ведущими лидерами оппозиции.

— Ребята полны решимости, — говорил я, — они должны пройти боевое обучение на современных, хорошо оборудованных базах — в Израиле, Иордании или Египте, и тогда они смогут возвратиться в Иран и изменить ситуацию.

Я говорил, что мы хотим атаковать исламскую революцию

и уничтожить ее. Но нас пока мало и катастрофически не хватает средств, поэтому мы остро нуждаемся в поддержке. При этом у нас нет никакого желания ждать помощи со стороны Америки. Также я настаивал, что необходимо объединить усилия всех оппозиционных сил, только так мы сможем подготовить акции протеста, которые приведут к падению исламского режима в Иране.

Под конец приема мы договорились, что найдем финансирование, которое позволит людям «Джавана» и всем, кто захочет примкнуть к нам, пройти специальное обучение, чтобы подготовиться к военным действиям.

Очень скоро мы нашли отдаленное от города место, которое показалось мне подходящим для обустройства военной базы, закупили в магазинах подержанной одежды военную форму, и я, имея опыт службы в армии, начал тренировать курсантов.

Однажды на базу заявились полицейские с проверкой. Они интересовались, чем мы занимаемся, почему носим военную форму и что за незнакомое знамя развевается на флагштоке. Я постарался сохранять спокойствие и объяснил им, что находящиеся на базе люди — это бедные студенты, родители которых не могут продолжать материально поддерживать их из-за исламской революции. В настоящее время они не могут продолжать учиться и снимать квартиру. И так как я не хотел допустить, чтобы эти ребята опустились и стали искать заработков в преступном мире, то собрал их в этом лагере, который арендовал на деньги иранских благотворителей. В том, что касается политики, я признал, что мы националисты. А именно — точно такие же, каким был генерал де Голль, когда бежал в Англию, протестуя против нацистского режима. Наша борьба носит такой же характер.

Офицер полиции был удовлетворен моими разъяснениями, но потребовал, чтобы, покидая лагерь, мы снимали форму. Кроме того, они настояли, чтобы я каждую неделю докладывал им о наших действиях.

Позднее мы догадались, что люди, проживавшие по соседству с парком, пожаловались на нас депутату французского парламента. По их словам, за полтора года до этого Франция поддержала исламскую революцию, а теперь здесь появилась группа людей, готовящихся к войне. Депутат парламента переговорил с министром внутренних дел — их спор даже попал в прессу, и сразу же после этого к нам нагрянула полиция.

В дальнейшем патрули проверяли нас раз в неделю, а порой даже дважды. Однажды вечером нас посетила принцесса Азада.

— Немедленно расходитесь по домам! — сказала она.

Принцесса была очень взволнована, но никто из нас не собирался ее слушать, хотя бы потому, что база была единственным местом, где мы могли жить.

— Зачем вы говорите такие глупости? — спросили ее курсанты.

Принцесса ничего им не ответила и попросила меня отойти в сторонку, чтобы поговорить без свидетелей.

— Они хотят отправить вас туда же, куда сослали моего брата, — сказала она.

Несмотря на предупреждение, я обратился к своим людям.

— Если вы хотите разойтись по домам, то вы совершенно свободны и можете уходить с чистой совестью. Но если кто-то из вас хочет остаться, даже если это будет всего один человек, я останусь вместе с ним. Если же все сейчас решат уйти, я уйду вместе с вами.

— Мы остаемся здесь, — ответили все, как один, — это наш дом. То, что сказала вам принцесса, очень плохо, но мы не боимся террора.

Через несколько дней принцесса снова приехала к нам. Она была недовольна тем, что мы все еще оставались на базе.

— Пожалуйста, — попросила она, — ради моей личной безопасности, я вас очень прошу уехать отсюда!

В конце концов, после длительных раздумий и жарких споров, было решено удовлетворить просьбу принцессы и оставить лагерь.

В те дни, когда мы жили в лагере, мы много работали, тренировались, занимались спортом и изучали военную тактику. По ночам мы разжигали костер и все вместе спали вокруг огня. Я читал ребятам лекции по истории Ирана, рассказывал о великом прошлом нашей страны, пояснял, как исламский захват постепенно разрушал нашу родину и менял ту добрую репутацию, которая была у нашей страны в мире. У страны, которая всегда жила по принципам миролюбия, доброты и сострадания. Я рассказывал своим соратникам о том, как иранские власти на протяжении многих веков противились распространению ислама. И было так еще со времен халифа Умара, убитого национальным персидским героем Фирузом Нахаванди по прозвищу Абу Лула. Рассказывал и о других иранцах, боровшихся с исламским режимом. Все эти люди стали символами, национальными героями, защитниками. Во многом потому, что вовремя осознали, что, только убив халифа, они смогут спровоцировать смену режима.

Я также критиковал коммунистов (хотя некоторых членов этой партии очень даже уважал) за то, что они, прежде всего, сохраняют лояльность Советскому Союзу, а не Ирану, что неправильно. Гражданин Ирана обязан, в первую очередь, демонстрировать верность родине и ее интересам, а не внешней структуре, какой бы она ни была.

Кроме того, я особо подчеркивал те беды, которые приносят иранскому народу аятоллы и их последователи, рассказывал об ужасах и кровопролитии, связанных с религиозным экстремизмом. Например, аятолла Хальхали — верховный судья исламского режима, известный особой жестокостью, —, лично приказывал казнить сотни невинных людей за сотрудничество с прежним режимом, потому что, по его мнению, вина их была очевидна. Ему были чужды такие понятия онятия, как, жалость, прощение и сочувствие. И не только ему, но и всем членам его секты.

Первое сообщение из Ирана: «черная метка»
Однажды мне позвонили по телефону. Голос в трубке отказался назвать свое имя, но сообщил, что он инспектор полиции, и попросил меня приехать к нему для разговора. Он также пояснил, что речь не идет о допросе, а лишь об обмене информацией. Я сразу подумал, что ничего доброго это мне не сулит, но выбора у меня не было. Я приехал в полицейский участок, там меня направили в кабинет, где за столом сидел худощавый человек с неприветливым лицом. Он был резок и даже жесток.

— Вы под прицелом, мой друг, — сказал инспектор, — на вашем месте я бы поостерегся.

— Как оппозиционер я нисколько не удивлен, что у меня множество противников, — пожав плечами, ответил я.

Инспектор кивнул в знак согласия.

— Да, но в Иране в ваше отсутствие вам вынесен смертный приговор. Сами понимаете, какие могут быть последствия. Вы, вероятно, кому-то крепко насолили.

— Судя по всему, да, — ответил я, — но, собственно, в этом и была моя цель с самого начала. Я ни в коем случае не намерен прекращать свою деятельность, но постараюсь вести себя осторожно.

— Да! — сказал инспектор, выдержав паузу. — Вам стоит быть максимально осторожным.

Глава 2

Операция «Табарзин»

Встреча с генералом Ариана

Я медленно опустил телефонную трубку на рычаг и долго смотрел на нее, не в состоянии поверить в то, что только что произошло. Всего несколько секунд назад я разговаривал с сыном генерала Барахама Арианы, майором Корешем Арианой. Кто бы мог поверить, что сам Кореш позвонит мне и пригласит поужинать с ним и его отцом. Я был очень польщен этим предложением. Генерал Ариана был известной личностью, причем не только в Иране, но и за его пределами. Он подал в отставку, уехал из Ирана перед самой революцией и поселился во Франции. Во время событий он был одним из генералов, публично осудивших революцию и создавших организацию «Азадган», которая оказывала мирное сопротивление. Мне казалось, они довольствуются выпуском журналов и организацией демонстраций, а такая деятельность, как по мне, была бессмысленной, и я даже не пытался наладить сотрудничество.

Когда же меня пригласили на встречу, стало ясно, что генерал хорошо осведомлен о моей активной политической деятельности и он не просто так позвал меня.

Во время роскошного ужина мы долго беседовали, и в конце концов он признался, что хотел бы сотрудничать с «Джаваном». Я ответил, что мне нужно посоветоваться с принцессой Азадой, так как мы действуем сообща.

— Нет! Никому об этом не рассказывайте! — буквально взмолил он.

— Но почему? — удивился я.

— Потому что мы планируем такую акцию, о которой никому не следует знать, — ответил генерал. — Если вы примете мое предложение, то должны будете привести самых верных своих людей, которые реализуют акцию на северной границе Ирана.

Я обдумывал его предложение в течение нескольких дней и, в конце концов, принял его.

В ходе нескольких встреч генерал рассказал мне, что группа патриотически настроенных военных проведет акцию против исламского режима в Иране. Он попросил меня выбрать из своей команды 20 человек, которые примут в ней участие. Я сделал, как он велел: собрал самых лучших ребят в нашей организации и попросил их никому не рассказывать о планах. Молодые студенты очень гордились всеми мероприятиями, которые мы проводили до этого. Но в этот раз мы собирались сделать нечто совсем другое, потому что речь шла об акции у себя на родине, в Иране. Все были полны энтузиазма, ведь так не терпелось оказаться на родине. Ребята постоянно расспрашивали, что будет происходить во время операции, но в ответ я только говорил, что они должны набраться терпения, когда придет время, они все узнают. Я повторял им, что необходимо соблюдать секретность, никому, даже семьям, нельзя рассказывать не только о самой акции, но и о том, что она планируется.

Правила маскировки

Генерал-майор Бахрам Ариана (начальник Генштаба Иранской армии в 1964-1969 гг.) сообщил, что мы отправимся в иранский Курдистан сражаться с армией Исламской Республики. Однако мы никогда не обсуждали нападение на три ракетных катера у берегов Испании...

Все члены нашей организации были хорошо известны

французской полиции. Власти знали, кто эти люди, чем они занимаются и в чем заключается их идеология. Я немного опасался, что, если большая группа членов организации исчезнет одновременно, это покажется подозрительным. Чтобы не вызывать лишних вопросов у полиции и родственников ребят, каждому из них было поручено придумать достоверную легенду, которая оправдала бы их выезд из Франции на несколько недель. Тогда, даже если полиция начнет задавать вопросы родственникам, они не смогут рассказать правду, так как не будут знать ее.

Каждый из нас выезжал из Франции в свой день, чтобы замести следы перед полицией. Мы собирались прибыть в Испанию, которая должна была стать отправной точкой для поездки в Курдистан. Было договорено, что все участники операции встретятся в Испании в порту Ла-Корунья 9 августа 1981 года. Участникам операции было настрого запрещено говорить на фарси, общаться по телефону в присутствии посторонних и, конечно, представляться иранцами.

После основного инструктажа я лично побеседовал с каждым и убедился, что всем все понятно и никто не сомневается в целях операции. Ребята заверили меня, что прекрасно осознают цели и им не терпится как можно скорее отправиться в Иран и совершить переворот.

Мы пожали руки, обнялись и расстались — каждый оставался наедине сам с собой до запланированной встречи в Испании.

Радостная встреча, обернувшаяся разочарованием

У меня состоялся разговор с майором Ариана, сыном генерал-майора Ариана, а также с адмиралом Камелем Хавиваулахи, командующим иранскими ВМС, и генералом ВВС Мино Сафхаром Багри. Мы обсудили совместный план нападения на три ракетных катера, и я согласился привлечь к этому делу своих партизан во имя спасения родины от шиитского зла.

В назначенный день все члены группы благополучно добрались до места, и мы встретились в порту Ла-Корунья у статуи Геркулеса, символизирующего в греческой мифологии физическую и духовную силу. Воссоединение участников было волнующим и очень радостным. Нас был 21 человек — 20 мужчин и одна женщина, Нахид. Почему она с нами? Во время марша, который мы устроили в университете, вспыхнула серьезная потасовка со сторонниками «Хезболлы» и коммунистами. Один из участников сильно ударил Нахид в живот, в результате чего она получила серьезную травму и, как следствие, потеряла возможность иметь детей. В наших глазах Нахид символизировала борьбу женщин за свои права.

Майор Ариана прибыл на место с другими генералами, которые должны были присоединиться к нам, — Мино Сафхар Багри и Камель Хавиваулахи. Тогда мы сразу же уехали из порта и отправились в центр города. Нужно было найти место, где можно было бы поговорить без нежелательных свидетелей. Нам удалось найти большой, просторный парк. Мы расселись на тихой поляне в нетерпеливом ожидании, когда же нам расскажут о продолжении операции.

Майор Ариана и другие офицеры выглядели напряженно мрачными. «Что-то случилось», — подумал я. Через несколько минут ко мне подошел Кореш Ариана и попросил меня подойти к его отцу и другим генералам. Без всяких преамбул он сообщил:

— Цель операции изменилась.

Я был настолько шокирован, что не знал, как реагировать. Очень хотелось верить, что ослышался.

— Что вы имеете в виду? — переспросил я, все еще не в состоянии осознать их слова.

— По ряду причин цель операции изменилась, — повторил генерал Ариана.

— Но почему? — пробормотал я. — Что случилось?

— Мы не хотели, чтобы участники знали истинную цель операции до ее начала, — сказал Ариана, — опасались, что кто-нибудь проболтается. Это была вынужденная мера.

Я почувствовал, как во мне поднимается волна негодования.

— И я, их командир, тоже был под подозрением?

— Да, — ответил генерал Ариана. — Поверьте на слово, мы вам полностью доверяем, но хотели снизить степень риска.

— Да? — возмутился я с горечью. — И что же я должен теперь сказать своим товарищам?

— Правду! — ответил генерал Ариана, и в его голосе прозвучали нетерпеливые нотки. — Это было сделано для того, чтобы обеспечить безопасность всех участников операции.

— И в чем же заключается новая операция? — спросил я, не намереваясь уступать генералу слишком легко.

— Во-первых, вам необходимо объяснить команде, что произошли изменения, и тогда я расскажу, в чем именно заключается цель операции, — сказал генерал Ариана, на этот раз примирительным тоном.

Я подошел к своим товарищам и сказал: «Есть изменения».

Я кратко объяснил им, почему нас ввели в заблуждение, оправдываясь, что сам до этого момента не знал правды. Я пояснил им, что все это делалось из соображений безопасности, чтобы не подвергать опасности участников операции.

Мои слова вызвали у членов команды бурю негодования, и, естественно, возникли разногласия. Многие из них почувствовали себя обманутыми. Хотя, к счастью, были и те, кто не возражал против изменений, поскольку их больше волновал конечный результат — нанести вред исламскому режиму.

Я попытался убедить возмущенных изменить свою позицию. Сказал, что мы сможем достичь своего, даже если не будем действовать напрямую в Иране, а лишь за его пределами, и что самое главное — наша акция получит широкое освещение в мировой прессе. Я закончил свою речь словами о том, что мы просто обязаны сделать это ради главной миссии.

После меня перед товарищами выступил генерал Ариана. Он объяснил, что цель операции — захватить три иранских ракетных катера.

— Это уникальный шанс, второй такой возможности не представится, — сказал он. — Катера стоят на якоре в порту Ла-Корунья и скоро отправятся в Иран. Я разъясню Джамшиду все подробности операции, а он их вам передаст. Надеюсь, вы понимаете, почему мы вынуждены сообщить о смене курса только в последний момент. У нас много врагов, и мы опасались, что они узнают о наших планах и сорвут операцию еще до ее начала.

После многочасовых дебатов все участники приняли

решение продолжать участие в операции, кроме одного студента по имени Стар, который был настолько удручен, что наотрез отказался ввязываться в дело и попросил у меня разрешения вернуться в Париж. Мне пришлось отказать ему в этой просьбе, и не только потому, что мы не хотели, чтобы произошла утечка информации, но и из соображений дисциплины.

— Я не умею плавать, — заявил Стар, — как я смогу участвовать в захвате военного корабля?

Я ответил ему, что он не единственный в группе, кто не умеет плавать. Есть и другие, но они приняли задание без колебаний.

Следует отметить, что только у шестерых ребят был боевой опыт. Остальные в армии не служили и никогда не принимали участия в военных операциях. Я понимал, что состав группы оставляет желать лучшего, а характер операции не позволял, да и не было необходимых средств для специальной подготовки, при этом согласие необходимо было дать немедленно. Нам представился случай, и мы обязаны им воспользоваться, поэтому приняли решение действовать несмотря ни на что. Мне поручили подготовить группу к операции в кратчайший срок и при минимальном бюджете. Нашим основным оружием была вера, и она должна была компенсировать недостаток военного опыта и навыков.

Еще один вопрос, который требовал обсуждения, — это как нам себя вести, начиная с этого момента. Совместно было решено, что необходимо остановиться в разных гостиницах и ни в коем случае не разговаривать между собой на фарси. Запрет был связан с тем, что в тот момент в Ла-Корунье находилось порядка 150 моряков из Исламской Республики, которые прибыли туда, чтобы отогнать в Иран ракетные катера, доставленные из Шербура. Они должны были отплыть из Испании через Средиземное море в Индийский океан, а затем в Иран.

В 1974 году, за пять лет до революции, иранская армия приобрела 14 ракетных катеров. И 11 из них были доставлены в Иран еще до исламской революции, а остальные три оставались в Шербуре. Так как времена были неспокойные, уже шла война с Ираком, Ирану понадобились эти катера, и солдат отправили во Францию, чтобы доставить их в страну.

План, который придумали генерал Ариана и его товарищи, состоял в том, чтобы создать помеху иранскому флоту, причем на «иранской территории». Захватить ракетные катера, принадлежащие иранской армии, — это практически то же самое, что оккупировать часть государства. Мы хотели занять эту территорию и взять в плен солдат, потому что такая акция означала бы, что мы подчинили себе власть во владениях Ирана. Затем мы пригласили бы глав оппозиции, которые установили бы на иранской территории, то есть на иранских кораблях, свое правительство.

Эта акция должна была послужить бунтом, который привлечет внимание международной прессы к оппозиционным группировкам и одновременно доставит несколько неприятных и неловких моментов исламскому правительству в Тегеране. Мы исходили из предположения, что средства массовой информации защитят нас от попыток замять этот скандал, которые наверняка предпримут Иран и страны, в чьих интересах скрыть акцию, чтобы не навредить своим политическим интересам.

Кроме того, было запланировано, что параллельно генерал

Ариана проведет военную операцию, в которой примут участие иранские и курдские офицеры, также желавшие оказать сопротивление Исламской Республике. Согласно плану, когда мы объявим о создании правительства в диаспоре, то поплывем на этих кораблях в Персидский залив. Предполагалось, что многие офицеры военно-морского флота поддержат нас, вдохновившись нашим героизмом. В то время мы уже вели переговоры с большими этническими группами в центре Ирана, такими как кашкайцы и бахтияры.

Мы были уверены, что наша акция приведет к обширному народному восстанию, несмотря на то, что из-за войны между Ираном и Ираком времена были неспокойными и что многие захотят присоединиться к нам и свергнуть власть аятолл. Я настраивал своих людей на поистине героический поступок, который бесспорно будет вписан на страницы истории нашего народа. Будущие поколения иранцев будут вспоминать нас как освободителей и глашатаев прогресса.

«Салазон» ко всему готов!

Стремительное продвижение
Не успели мы привыкнуть к мысли о том, что цель нашей операции изменилась, и как-то приспособиться к новой ситуации, как выяснилось, что нам придется уезжать из Ла-Коруньи. Нам объяснили, что в порту нет подходящих условий для того, чтобы напасть на ракетные катера. Поэтому атака должна произойти в открытом море, а для этого мы должны будем подкарауливать корабли по пути. Целевым портом был назначен городок Кадис.

Члены команды приняли и эту новость без восторга, но в конечном итоге поняли, что выхода у нас все равно нет и для успеха операции нужно покинуть Ла-Корунью. После длительного путешествия, которое заняло 36 часов, мы добрались до Кадиса. Все это время нам опять было запрещено говорить на фарси и представляться иранцами, а также следовало выдавать себя за иностранцев, не владеющих испанским языком.

Когда мы приехали в Кадис, я собрал товарищей и провел с ними беседу, чтобы поддержать их боевой дух перед операцией, которая уже через несколько дней должна была перейти к оперативной фазе. Особое внимание я уделил Стару, тому парню, который ранее отказывался участвовать в деле и хотел выйти из игры. Я боялся, как бы он не повлиял на остальных членов команды.

Нашей первой задачей было найти рыбацкую лодку, которой мы могли бы воспользоваться во время операции. На второй день пребывания в Кадисе мы встретились с адмиралом и капитаном Корешем Арианой и вместе отправились поговорить с местным рыбаком по имени Петрус об аренде на три дня его большой рыбацкой лодки «Салазон» длиной 22 метра и шириной 6 метров. Мы представились группой греческих океанографов, ведущих исследование в районе Кадиса. Адмирал исполнял роль профессора, я был его помощником, а капитан — ответственным за группу студентов. Мы договорились с Петрусом, что будем отчаливать ранним утром, а вечером возвращаться на берег.

В ходе первого пробного плавания мы хотели обсудить все подробности операции, которую позднее назвали «Табарзин», поэтому вышли из порта с большим запасом еды и питья. Петрус управлял лодкой, а мы играли свои роли.

На корме лодки стоял большой стол, на котором мы развернули план ракетного катера «Табарзин». Адмирал попытался разъяснить нам, что именно мы видим. Следует напомнить, что в период правления шаха адмирал был командиром иранского морского флота, поэтому хорошо знал, что собой представляет ракетный катер, каковы его боевые возможности, численность экипажа, какие орудия на нем установлены. И самое главное — он подробно описал нам, как мы, команда из 21 неподготовленного бойца, нападем на ракетный катер с командой из 31 бывалого моряка, которые, в отличие от нас, прошли военную подготовку. И напоследок он описал, как мы захватим ракетный катер и возьмем в плен офицеров при минимальных человеческих жертвах. Оставался нерешенным только один вопрос, но крайне важный: как испанская рыбацкая лодка сможет остановить ракетный катер в территориальных водах Испании? Ответ, который мы получили, поверг в шок: нам нужно будет остановить катер в открытом море, за пределами испанских владений. И тогда правительство Испании не сможет нас остановить, потому что мы будем находиться не в его юрисдикции.

Все эти разъяснения заняли около четырех часов. Затем мы сели перекусить, и во время обеда предложили Петрусу выпить с нами коньяку, что помогло нам сблизиться. А, подкрепившись, решили воспользоваться тем, что в августе на Средиземном море прекрасная теплая погода, и отправились купаться. Я впервые в жизни плавал в открытом море. Правда, сделал это главным образом, чтобы поддержать компанию остальных членов команды.

После отдыха мы вновь собрались вокруг стола с планом, и адмирал объяснил, как мы должны будем действовать, чтобы захватить катера. Он объяснил, что три судна плывут друг за другом, причем «Табарзин», с которого мы начнем захват, идет последним. Затем мы атакуем катера «Ханджар» и «Найза».

Наша легенда была такова: мы офицеры испанской морской полиции и останавливаем катер для проверки. Когда судна сойдутся вместе, мы поднимемся на «Табарзин», чтобы осуществить осмотр. Было решено, что я буду первым, кто поднимется на «Табарзин» с рыбацкой лодки. Моя задача будет состоять в том, чтобы остановить каждого, кто окажет сопротивление проверке. Затем я потребую у капитана корабля ключ от склада оружия, чтобы оснастить им своих людей. До тех пор, кстати, у меня при себе будет только кортик, у остальных же — духовые пистолеты. Сразу после этого вторая группа из семи человек поднимется на «Табарзин» в качестве прикрытия, и только после этого на корабль взойдет третья группа.

Несмотря на то, что адмирал говорил достаточно ясно и уверенно, сомнений было немало. Соотношение сил было явно не в нашу пользу. Один из участников поднял эту тему, когда наконец позволили задать вопросы. Адмирал улыбнулся и сказал, что он располагает секретными сводками и сейчас поделится информацией, которая позволит нам легко и быстро захватить «Табарзин».

— На борту корабля будет только шесть человек, — сказал он и был очевидно доволен тем, что смог нас удивить.

— Но… — попытался возразить один из участников.

— Минутку! — прервал его адмирал. — Выслушайте меня до конца. Вскоре после выхода в море капитан «Табарзина» прикажет 21 из своих матросов спуститься в трюм слушать лекцию одного из офицеров. Таким образом, фактически на палубе останутся лишь шесть матросов, и это существенно снизит риск сопротивления.

После его слов наступила тишина, мы только теперь начали осознавать, насколько хитрым был план. То, что рассказал адмирал, изменило наше настроение, от подавленности не осталось и следа, а на смену ей пришло радостное волнение.

Адмирал предупредил, что до того, как мы покинем рыбацкую лодку, мы должны испортить на ней рацию, чтобы капитан не смог доложить о происшествии. Вместе с тем он отметил, что нужно будет отнестись к нему уважительно и, естественно, заплатить ему обещанное вознаграждение. А после того, как мы захватим «Табарзин», надо будет немедленно покинуть его и перебраться на другие катера. Чтобы это стало возможным, мы заставим капитана «Табарзина» передать на плывущий перед ним корабль сигнал о технической неполадке и попросить о помощи. Когда катер приблизится к «Табарзину», мы используем эту возможность и захватим его, а затем таким же образом подчиним себе и третье судно.

Я хорошо знал моральную выдержку и физические возможности всех членов своей группы, потому что в течение нескольких лет лично тренировал их. Поэтому мне легко было разделить их на три группы, и лучших из них я решил взять в первую группу, которая станет моим сопровождением.

Во время длительного плавания я подолгу беседовал с членами группы и постоянно повторял им, насколько важна наша спецоперация. Я сказал им, что мы не имеем права сломаться или, не дай бог, отказаться от своей цели.

К вечеру мы возвратились в порт Кадис.

— Хорошенько отдохните сегодня, — сказал я командирам групп, — не напивайтесь, берегите силы, потому что вы весь день были на солнце. Помните, что нам предстоят еще несколько дней тренировок, а сама операция назначена на вторник.

Вечером я расстался с адмиралом, и он попросил меня встретиться с ним утром в этом же месте, чтобы оплатить счет в гостинице.

Еще в первый день нашего пребывания в Кадисе мы купили себе форму испанских солдат. Это было непросто, учитывая, что никто из нас не говорил на испанском. Мы приобрели также сапоги, и у каждого из нас был духовой пистолет. Мы должны были хорошенько спрятать обмундирование, чтобы Петрус, капитан рыбацкой лодки, ничего не заподозрил. Адмирал попросил меня проследить, чтобы каждый упаковал нужные вещи в отдельный рюкзак и утром назначенного дня прибыл на лодку со всем необходимым.

На следующий день я проснулся рано и, как обычно, сделал

зарядку. Затем стал размышлять о предстоящей операции и о том, какими могут быть ее последствия. Мои мысли прервал телефонный звонок. Я поднял трубку и услышал голос адмирала. То, что он сказал, потрясло меня настолько, что я даже не нашелся, что ему ответить.

— Джамшид, — начал адмирал без обычного вежливого приветствия, — план изменился. Операция пройдет сегодня, в понедельник, а не во вторник, как мы планировали.

Я растерялся и просто не мог поверить своим ушам.

— Секунду, — пробормотал я, — что…

Но адмирал прервал меня и твердо сказал:

— Никаких «что».

Я попытался протестовать.

— Операция должна состояться сегодня. План следования катеров изменился, нам сообщили об этом в последний момент. Придется перестраиваться. Передайте своим подчиненным, что операция переносится на сегодня, и подготовьте их. Желаю нам всем успеха!

Я даже не успел ответить, как в трубке раздались гудки.

После завтрака я обратился к команде и сказал:

— Мы проводим операцию сегодня. У нас больше нет времени на подготовку. День настал!

После того, как участники операции осознали мои слова, они оживленно заговорили все вместе. Я тут же поднял руку и попросил тишины.

— Друзья, мы буквально в последний момент получили информацию о том, что план следования ракетных катеров изменился, они выходят в море на день раньше. У нас нет выхода, это единственный шанс, и мы обязаны им воспользоваться.

Мы прибыли на место встречи и поговорили с адмиралом. После уложили вещи в «Ситроен» капитана Ариан: в нем, к слову, находились еще два генерала. Обнялись, и руководители благословили нас, пожелав удачи. Затем мы направились к «Салозону».

Конечно, все были очень взволнованы. Сомнения и вопросы отошли на второй план, теперь мы могли думать только о самой операции. Прекрасно понимая, в какую опасную авантюру ввязались, мы тем не менее твердо верили в то, что наше дело правое.

Мы взошли на лодку и отчалили. По дороге адмирал рассказал о некоторых технических вопросах, касающихся ракетных катеров. Например, пояснил устройство моторов и системы защиты. Даже маленький кусочек металла может вывести двигатель из строя, поэтому мы должны будем следить за тем, чтобы матросы не приближались к нему.

— Сейчас вам придется воевать с хорошо тренированным противником, — напутствовал адмирал, — это существенно отличается от тренировок, которые вы проходили в лагере.

Он также объяснил, как соблюдать осторожность на ракетном катере и безопасно держать связь друг с другом. Еще он отметил, что мы должны соблюдать строжайшую дисциплину. Через три часа адмирал взглянул в бинокль в направлении порта Кадис — мы находились уже в 20 километрах от него. Неожиданно он передал бинокль мне. Заглянув в него, я увидел очертания трех ракетных катеров, которые отчаливали один за другим. Теперь настал момент готовиться к последнему этапу перед захватом. Я спустился на корму вместе с первой группой. Мы переоделись в военную форму. Это выглядело несколько дико: глядя друг на друга, мы понимали, что мало похожи на испанцев. Когда же мы поднялись на палубу, Петрус взглянул на нас и очень удивился. Он, наверное, подумал, что мы из мафии, но был изрядно выпившим, так как другие члены группы его заранее подпоили, и уже через несколько минут отключился. Адмирал тогда взял управление лодкой на себя, встав за штурвал.

Три тени на горизонте
Мы стояли на палубе с биноклями в руках, всматриваясь вдаль и пытаясь разглядеть катера. Через некоторое время один из наших товарищей подал знак, что катера уже близко. Присмотревшись, увидели прямо по курсу нашу цель. Расстояние между нами медленно сокращалось, мы стали приближаться к третьему судну, которое решили захватить первым, — «Табарзину». Сердце буквально выпрыгивало из груди — это чувствовал, пожалуй, каждый из нас. Мы быстро сближались. Адмирал набрал скорость, а Петрус, который к этому моменту хоть и был уже пьян, понял, что мы собираемся атаковать ракетный катер, показавшийся на горизонте. Он склонил голову и перекрестился, опасаясь, что в процессе операции мы можем серьезно повредить его лодку, и был прав.

К тому моменту уже все участники операции переоделись в форму испанских солдат и нам оставалось только повредить рацию на лодке, уплатить Петрусу и приступить к делу.

По нашим расчетам с того момента, как я, первый боец, попаду на «Табарзин» и до того, как последний из нашей команды поднимется на катер, пройдет около 40 секунд. У каждого из нас было свое конкретное задание. Мое заключалось в том, чтобы захватить командиров, отобрать у них ключи от оружейного склада, изъять боеприпасы и вооружить солдат. Было абсолютно ясно, что действовать нужно очень быстро и постараться захватить корабль в кратчайший срок. Ведь матросы, находящиеся в трюме, могут заподозрить, что происходит, и это приведет к провалу операции и гибели людей — как наших, так и служащих на корабле.

Расстояние между нами и катером сократилось: адмирал направил «Салазон» к «Табарзину» и подошел вплотную. Я крикнул в мегафон: «Остановитесь! Мы получили приказ от нашего командования проверить вас!»

Наши корабли сблизились, расстояние между нами составляло считанные сантиметры, но «Табарзин» был намного выше. Положение было опасным, ведь любое движение одного из кораблей могло привести к столкновению в тот момент, когда бойцы будут переходить на судно. Как командир первой группы, я первым перепрыгнул на ракетный катер. Сразу за мной последовали еще шесть бойцов, самых сильных в нашей организации. Во время перехода на катер нас фотографировал высокий бородатый матрос. Я подошел к нему и попросил на испанском и на английском языках передать мне ключ от оружейного склада. Неожиданно этот матрос закричал: «Иракцы! На нас напали иракцы!» Он побежал вниз, где находились остальные матросы.

Еще до того, как мы поднялись на катер, адмирал предупредил меня, что нужно следить за этим бородатым моряком, так как он из людей Хомейни и очень опасен. Адмирал дал четкий приказ: если он попытается помешать операции, его нужно убрать. Я бросился на моряка с ножом. Он пытался сопротивляться, но мне удалось с ним справиться.

— Молчи, если жизнь дорога, — сказал я, прижав лезвие к его горлу, и почувствовал, что у него пошла кровь.

— Тебе же лучше, если будешь сотрудничать с нами. Если ты не оставишь мне выбора, отправишься кормить рыб. Кивни, если понял меня.

Через мгновенье я увидел, что он закивал, выражая согласие. Так как у меня были дела поважнее, я подозвал одного из бойцов и поручил ему проводить матроса на оружейный склад.

— Следи за ним в оба! — предупредил я бойца, передавая нож. — Малейшее подозрительное движение, и я разрешаю тебе прикончить его.

Я позвал двух других бойцов и приказал им спуститься вместе с ними в склад и достать оттуда оружие, которое нам было так необходимо. Через несколько минут бойцы вернулись на палубу с оружием — там были автоматы Калашникова, «Узи» израильского производства и американские кольты. Мы раздали оружие бойцам. Шестеро матросов, которые в этот момент находились вместе с капитаном катера на мостике, поняли, что их катер захвачен. Некоторые из них струсили и даже встали на колени.

Наши люди захватили управление катером — машинное отделение, радиорубку, навигационный отсек, капитанский мостик. Все участники операции проявили примерную дисциплинированность, хладнокровие и в точности выполняли все инструкции адмирала.

Теперь нам осталось захватить матросов, находившихся в трюме. Мы еще не успели отправить туда группу захвата, как послышались громкие крики: «Иракцы! Иракцы!» Я посмотрел в том направлении, откуда раздавались призывы, и у меня потемнело в глазах. Это был тот бородатый матрос, о котором меня предупреждал адмирал. Он воспользовался моментом, когда на него никто не обращал внимания, и стал пробираться в трюм в попытке предупредить матросов. В этот момент я находился на капитанском мостике. Не задумываясь ни на секунду, я прыгнул с высоты трех метров, намереваясь остановить его. Мне удалось схватить его в тот момент, когда он уже спускался по лестнице в трюм корабля, но он продолжал драться и кричать: «Иракцы! Иракцы!» В трюме находились 25 матросов. Они в недоумении смотрели на нас, не понимая, что происходит. Я вновь ударил его и прокричал: «Я еще больший иранец, чем все вы вместе взятые! Никакой я не иракец!» Наши крики привлекли внимание моих товарищей. Некоторые из них спустились вниз с оружием в руках, готовые выстрелить в любого, кто сдвинется с места. Капитан ракетного катера медленно спустился в трюм, а за ним проследовал адмирал. Оба они обратились ко мне и попросили никого не убивать.

— Мы все здесь иранцы! — сказал адмирал, желая всех успокоить.

Матросы растерялись: они ведь думали, что на них напали иракцы, но адмирал отдал им честь и сказал:

— Мы у себя дома. И представляем «Армию освобождения Ирана».

Только теперь члены экипажа начали понимать, в какую ситуацию попали. Мы попросили всех оставаться на местах. Один из них оказал помощь раненному мной бородатому матросу и перевязал его.

Адмирал говорил с матросами очень вежливо. Он говорил от имени «Армии освобождения Ирана» как бывший главнокомандующий армией Ирана и особо подчеркнул, что мы — бойцы, которые хотят изменить строй в родной стране.

— Это операция во имя Родины, которая для всех нас является домом. Мы не хотим причинить вам вред, у нас мирные намерения!

Судя по выражению лиц матросов, некоторые из них были рады, но боялись открыто проявить свои эмоции. А другие, наоборот, были очень рассержены, но понимали, что в данной ситуации они абсолютно беспомощны. Несмотря на то, что наши намерения были мирными, мы все равно сочли нужным их предупредить:

— Если кто-нибудь попытается оказать сопротивление, его ждут неприятности. Нам придется отреагировать самым жестким образом, хотя и очень этого не хотелось бы. Сейчас вы являетесь нашими пленными в соответствии с законом.

Речь адмирала в адрес матросов была волнующей.

— Вы — мои дети, вы — верные солдаты своей страны. Судьба разделила нас, и сейчас мы находимся по разные стороны баррикад, хотя все равно остаемся одним народом. Давайте содействовать друг другу. Ведь мы — дети одной нации. Идеология «Армии освобождения Ирана» базируется на защите прав человека, на отстаивании национальной чести, на плюрализме и демократии. Мы боремся за полное освобождение нашей страны и верим в то, что принципы доброй воли, добрых слов и добрых дел — это лучше, чем идеология красного или черного (цвета, символизирующие коммунизм и ислам — ред.). Наш опыт показывает, что эти идеологии нам не подходят.

Сегодня в Иране погибают сотни тысяч людей, престиж нашей страны в мире очень низок. Мы хотим мира, доброты, плюрализма и демократии.

Было заметно, что речь адмирала понравилась многим матросам. Капитан катера, который до этого стоял за его спиной, также обратился к своей команде.

— Я не имел ни малейшего представления о цели данной операции, но я понимаю, что они борются во имя Ирана, так же, как и мы.

Капитан дал однозначно понять, что он не участвует в операции, но относится к нашему поступку с уважением.

— Мы должны доверять друг другу, потому что на нас напал не враг. А еще потому, что мы оказались в такой ситуации впервые. Поэтому вам, мои солдаты и офицеры, я предлагаю отнестись к ним с уважением и с вежливостью, потому что эти люди — наши гости. Мы должны сотрудничать с ними и завершить эту историю тихо и спокойно.

Когда капитан закончил выступление, к нему обратился один из офицеров по имени Садри с не самыми простыми вопросами. Родом из города Исфахан, он был коммунистом, и ему очень не понравилось то, что мы захватили судно. Поэтому он просил пояснить, каковы наши намерения в отношении команды катера, куда мы собираемся плыть, и в чем заключается конечная цель операции.

Капитан корабля взглянул на офицера, и на лице его отразилась растерянность. Адмирал же успокаивающе кивнул и сам обратился к офицеру.

— Это наша национальная программа. Вы можете присоединиться к «Армии освобождения Ирана», но, если не захотите принять участие в нашей спецоперации, мы позволим вам сойти на берег в ближайшем порту, где причалим, — в Касабланке.

Затем другие матросы начали задавать вопросы.

— А где генерал Ариана? — спросил один из них, мне он показался юнгой.

Адмирал ответил, что он является главнокомандующим «Армии освобождения Ирана» и находится в Турции, где сотрудничает с группой курдских повстанцев.

— Что вы намерены сделать с другими ракетными катерами? — спросил другой матрос.

Этому матросу адмирал ответил, что все будут сотрудничать друг с другом.

На связь выходят неопознанные вертолеты
Адмирал говорил с матросами очень тихо и спокойно, как и подобает командующему иранским морским флотом. Многие моряки считали, что этот человек достоин уважения. Но среди матросов были и те, что разделяли идеологию Хомейни, и они не скрывали своей неприязни и неприятия наших действий.

Пока адмирал говорил, мы услышали характерный звук приближающегося вертолета, а затем послышались быстрые шаги. Прибежал, тяжело дыша, один из наших бойцов.

— Над катером кружат два военных вертолета. Они связались по беспроводной связи и потребовали, чтобы им дали поговорить с капитаном корабля.

Мы все посмотрели на адмирала в ожидании его решения. Он же кивнул и предложил:

— Давайте поднимемся на капитанский мостик. Вы, — сказал он, обращаясь к капитану, — должны будете поговорить с ними.

Я с четырьмя хорошо подготовленными бойцами остался в трюме охранять пленных матросов.

Переговоры между капитаном «Табарзина», находящегося под контролем адмирала, и вертолетчиками длились порядка полутора часов, а в это время катер продолжал быстро продвигаться дальше по курсу.

— Кто вы? — спрашивали с воздуха. — Что здесь произошло? Каковы ваши цели? Куда вы направляетесь? Что вы сделали с матросами, находящимися на корабле? Есть ли на корабле раненые или убитые? В чем заключается цель операции? Понимаете ли вы, что фактически ваша операция может рассматриваться как пиратский захват?

Летчики заподозрили, что это иракские солдаты захватили иранский ракетный катер. После того, как они получили ответы капитана катера, они поняли, что это солдаты «Армии освобождения Ирана».

— Мы хотим освободить нашу страну, — сказал им адмирал, — и хотим установить наше правительство в диаспоре. На корабле нет ни раненых, ни убитых. Здесь все граждане Ирана, и мы хотим сами решить свою проблему. Мы возвращаемся в Иран с целью привести к смене иранского правительства.

В конце концов летчики убедились в том, что речь идет о политической акции, не несущей уголовного характера.

Ошибки и экспромты

Когда переговоры с летчиками закончились, капитан «Табарзина» и адмирал спустились в трюм, где все еще находились 25 пленных матросов. Они вновь стали задавать вопросы, и адмирал старался ответить на них должным образом, одновременно пытаясь всех успокоить.

— Вас никто не тронет. Мы вас уважаем, и давайте относиться друг к другу с пониманием и сохранять дружеские отношения.

Прошло несколько часов, и тогда адмирал вызвал меня к себе. Я поднялся на палубу и с удовольствием вдохнул соленый морской воздух. Адмирал сидел на стуле, на капитанском мостике.

— Хочешь провести ту же операцию на втором катере? — спросил он, похлопав меня по плечу. — Ты бы хотел действовать силами той же команды, что и при штурме «Табарзина», или предпочитаешь ее поменять?

Я думал, что лучше всего использовать ту же группу, что и в первый раз, но высказал опасение, что главной проблемой во время штурма «Хаджара» может стать личность захватчиков. Матросы сразу засекут, что на палубе находятся люди не из команды «Табарзина», а бойцы в форме испанских солдат. Адмирал же считал, что для захвата «Хаджара» нам нужно сотрудничать с офицерами нашего катера. Мы обсудили этот вопрос, и, среди прочих, прозвучало предложение использовать знаки отличия иранских офицеров. Я в свою очередь настаивал на том, чтобы на борт «Хаджара» со мной поднялась только моя команда.

После совещания адмирал и капитан «Табарзина»

связались со вторым ракетным катером «Хаджар». Они попросили капитана остановить корабль и помочь решить техническую проблему, которая возникла на «Табарзине», но полученный ответ дал нам понять, что у нас нет никаких шансов привести свой план в исполнение. Оказалось, капитан «Хаджара» и его люди слышали по связи наши переговоры с летчиками испанских вертолетов. Поэтому они однозначно заявили нам, что не будут сотрудничать с нами и намерены продолжать свой путь в Иран. То же самое ответили нам на третьем ракетном катере — «Найзе».

В свете неожиданного развития событий нам пришлось срочно менять тактику. Теперь у нас оставался только один ракетный катер, а два других в прямом и переносном смысле уплыли от нас. Более того, они, конечно же, поспешат доложить о захвате «Табарзина». Мы не знали, что нас ожидает, и опасались, что те два надумают атаковать нас, как только поймут, что перевес сил явно в их пользу. Признаюсь, мы немного растерялись. Ко всему прочему, нам не удавалось связаться с нашими друзьями в Испании, потому что, как выяснилось позже, их арестовали. Руководители группы — адмирал, я, капитан катера и два бойца «Джавана» — должны были самостоятельно принять ответственное решение.

После горячего спора, во время которого выносились самые разные предложения, было решено плыть в Марокко. Мы надеялись, что оттуда мы сможем связаться с нашими командирами и действовать сообща, чтобы получить максимальный результат от захвата «Табарзина». Хотя мы все еще опасались атак, нам ничего не оставалось, кроме как по-прежнему быть начеку и надеяться на лучшее.

Затишье перед бурей

Мы объявили пленным матросам, что держим курс на Марокко. Известие их, конечно, не обрадовало, но очень скоро они поняли, что выбора у них нет и любое сопротивление повлечет реакцию с нашей стороны.

В машинном отделении мы установили охрану, чтобы предотвратить попытки вывести из строя двигатели. Также мы приставили личную охрану к капитану корабля, который был на нашей стороне. Адмирал, капитан и три офицера проинструктировали нас о том, как себя вести с матросами, что можно им говорить и о чем умолчать. Они подчеркнули, что на корабле есть немало тех, кто вполне может попытаться перехватить власть.

— Помните, — сказал адмирал, — если вы хоть на секунду расслабитесь, они воспользуются первой же возможностью и, в отличие от нас, они не пощадят. Глядите в оба, следите за каждым подозрительным движением.

Бойцам нашей группы пришлось приспособиться к условиям жизни на ракетном катере: зорко следить за пленными матросами, быть постоянно доступными в любой ситуации и готовыми в любую секунду подавить попытку бунта. Один из бойцов, Виштасав, распределил смены — кому спать, а кому охранять. За первые 10 часов операции я не менялся ни с кем из бойцов, так как охрана пленных матросов была, на мой взгляд, самым ответственным заданием. За исключением короткого промежутка времени, когда я должен был принять участие в совещании с адмиралом и справить нужду, я не хотел оставлять пленных под присмотром других охранников. Должен признать, считал первые часы операции самыми опасными, думал, что именно в этот период кто-нибудь захочет оказать сопротивление. Но время шло, и обстановка на катере стала спокойнее, напряжение спало. Я использовал эту возможность и позвал Стара, того самого товарища, который хотел выйти из игры и возвратиться в Париж.

— Ты с нами, — сказал я, — и ты еще будешь гордиться тем, что принимал участие в этой операции. Пойми, что наш отказ удовлетворить твою просьбу основан на необходимости сохранить операцию в тайне и том, что все мы находились в тот момент в большом напряжении.

Стар кивнул, и по выражению его лица я понял, что он все осознал: и важность нашего решения, и ту честь, которая ему оказана, — принять участие в такой операции.

Все бойцы, участники операции, были горды собой и переполнены чувством возложенной на них миссии. Их можно было понять. Они прекрасно справились с задачей захвата «Табарзина» и показали идеальное владение ситуацией. Неудивительно, что всего через несколько часов, охраняя пленных матросов, они начали хором петь национальный гимн Ирана. Человеку со стороны это могло показаться странным: пленные вместе с захватчиками горланят хором гимн Ирана. Когда пение закончилось, на корабле воцарилась тишина, и обе стороны в недоумении смотрели друг на друга.

— Мы братья, — восторженно прокричал я, — никогда не забывайте этого! Мы все иранцы и желаем своей стране добра.

Я сказал это для того, чтобы стороны примирились и поняли друг друга. Оказалось, что мои слова возымели действие на пленных. Когда мы провожали их в туалет, они говорили нам с глазу на глаз, что поддерживают нас и видят в нас героев. При этом они сокрушались, что никогда не смогут открыто высказать свое мнение в присутствии других матросов.

— Когда мы возвратимся в Иран, нам вынесут смертный приговор. Не ждите, что мы выскажем вам свою поддержку, потому что мы не уверены в надежности других матросов.

Нам говорили много слов в том же духе. Мы понимали ситуацию и обещали им никого не выдать. Но сказанное матросами придавало силы и укрепляло в нас веру в то, что среди граждан Исламской Республики есть многие, кто думают так же, как и они.

В то же время нужно признать: несмотря на все мои попытки создать спокойную атмосферу, среди матросов все еще оставалось немало тех, кто нас не поддерживал и выжидал возможность захватить «Табарзин». Они даже не пытались скрыть своих чувств и открыто демонстрировали неприязнь. Тогда я понял, что означает выражение «убийственный взгляд». Если бы взглядом можно было убить, вне всякого сомнения, и я, и мои товарищи были бы уже среди мертвых. Капитан Садри, который был предводителем этих негодующих матросов, потребовал разрешения поговорить с капитаном корабля. Я удовлетворил его просьбу и лично сопроводил его к капитану.

Садри говорил с капитаном вежливо, высказал несколько просьб и свой протест.

— Почему мы едем в Марокко, а не в Египет? — спросил он.

Кроме того, он сказал, что он и его товарищи хотят

присоединиться к солдатам, находящимся на двух других катерах и направляющимся в Иран.

— Я сам являюсь пленным «Армии освобождения Ирана», — ответил ему капитан.

Капитан Садри попросил также, чтобы была оказана медицинская помощь матросу, получившему ранение во время перестрелки и находящемуся сейчас в одной из кают. Капитан и адмирал попытались по возможности удовлетворить его просьбы, а затем поручили мне отвести его обратно. Когда же мы стали спускаться в нижний отсек, капитан Садри неожиданно напал на одного из офицеров, служивших на корабле. Они начали бороться, оскорбляя друг на друга. Мы с моими людьми попытались их разнять. Садри утверждал, что этот офицер сотрудничает с нами. На что тот выкрикнул:

— Мы служим своему народу, но мы не продаемся армии своих северных соседей!

Он, конечно, имел в виду советскую армию.

«Офицер царской армии»

Я поднялся на палубу и через одного из своих товарищей пригласил адмирала и капитана корабля зайти в каюту. Ко мне тем временем присоединился Виштасав. Я объяснил ему, что хотел бы развеять напряженность, которую создал Садри. Оказав уважение офицерам, я предложил всем выпить коньяку.

Я попытался объяснить молодому офицеру, что прекрасно понимаю, что он сейчас чувствует.

— Вы думаете, что этот офицер помогает нам захватить корабль, но вы ошибаетесь. Он ничем нам не помог. Нас вынудили пойти на этот поступок лидеры ислама. У нас с вами общие враги, такие как иракцы. В вас лично и ваших товарищах мы не видим зла.

Он не удостоил меня ответа, но я прочитал по его глазам, что мои слова попали в сердце, хоть формально он с ними и не согласился.

Пытаясь исправить обстановку, я предложил устроить общий обед для пленных и для наших людей. Матросы немного поворчали, но все же согласились. Кок подал нам обед в каюты. Вкусная еда расслабила и немного снизила напряженность, и пленные матросы даже начали улыбаться. Они начали осознавать, что захватчики не относятся к ним, как к врагам.

После обеда один из пленных матросов обратился к адмиралу. Это был крупный мужчина в джинсовом комбинезоне, чем-то напоминающий медведя. Когда он заговорил, я понял, что он родом из Хузестана, где я провел юность. Этот матрос обратился к адмиралу очень вежливо и культурно, признался, что поддерживает Исламскую Республику, но коммунист по своим убеждениям.

— Вы на протяжении многих лет были командующим военно-морским флотом Ирана. Я вас очень уважаю. И вы знаете лучше нас, что мы как солдаты обязаны соблюдать армейские законы и не подчиняться террористам, незаконно захватившим наш катер. Я говорю от имени всей команды. Да, мы оказываем сопротивление капитану корабля и другим офицерам, которые к вам примкнули. Так как в настоящий момент мы являемся вашими пленниками, знайте, что мы уважаем вас и офицера королевской армии, но не согласны подчиняться простым студентам.

Адмирал понял, что матрос сердится, но его претензии основываются исключительно на эмоциях, а значит, не имеют ничего общего с логикой происходящего. Тогда он вежливо ему ответил:

— Это правда. Среди нас нет офицеров королевской армии. Все бойцы — студенты, верные своим принципам. Сила наших воинов и надежда на лучшее в их вере, а не подготовке. Для вас, как для военного, это должно быть не важно. вы должны слушаться их приказов и соблюдать военное законодательство, по определению которого вы являетесь военнопленным.

Адмирал сначала попытался объяснить ему идею, стоящую за нашей политической акцией. Он убеждал его пойти на сотрудничество со мной, «офицером королевской армии», и другими бойцами. Тогда этот матрос присоединился к своей команде и обратился к одному из охранников.

— Вам нужно было предупредить нас заранее, что собираетесь захватить катер. В таком случае мы смогли бы позаботиться о своих семьях. И тогда, возможно, мы оказали бы вам помощь.

Его реакция нас очень обрадовала, но мы знали, что до победы еще далеко, а на данном этапе есть дела поважнее, чем вести идеологические дискуссии. Тем не менее, для нас это была маленькая трещинка в большой плотине, и это вселило в меня и моих друзей надежду на будущее.

Стоя там перед пленными матросами, я все вспоминал письма, которые когда-то писал мне отец. Слова возникли перед моими глазами: «Уважение, честность, благородство — вот, что важно. Ты должен пожертвовать личным благополучием ради своей страны. Не бойся! Не будь слабым! Помни, что Бог с тобой».

С точки зрения пленных, я был офицером лейб-гвардии шаха и профессиональным военным, тогда как остальные были студентами Парижского университета. Поэтому я решил рассказать, как стал бойцом и активным оппозиционером, и в подкрепление своих слов процитировал своего отца. Я сказал, что в Иране есть множество людей, противящихся действующему режиму, но они боятся жестокости властей. Тем не менее, сложившаяся ситуация не продлится вечно. Религиозные лидеры не смогут погасить огонь свободы. Многие, и я среди них, готовы пожертвовать свои жизни ради благородной цели. Помните, что мы — только маленькая частичка большого лагеря, который намерен бороться с отсталым тоталитарным режимом в Иране. Я очень волновался, когда произносил это, у меня даже перехватило дыхание. Когда же я замолчал, наступила пронзительная тишина. Я ожидал, что они начнут спорить со мной, готовился, что, возможно, будет даже агрессивная реакция, но пленные матросы смотрели на меня, и в их взглядах не было ярости, наоборот — чувство уважения и понимания. Я же мог только надеяться, что когда-нибудь они вспомнят мои слова.

Герои Персидского залива
В какой-то момент, когда я охранял пленных матросов, один из них обратился ко мне и попросил поговорить с глазу на глаз. Это был юноша 20 лет приятной наружности. По его акценту я понял, что он тоже из Хузестана. Я согласился и вывел его из склада, в котором у нас располагалась тюрьма, попросив одного из своих товарищей подменить меня. Мы поднялись поговорить на палубу. Он стал

рассказывать, как команда катера была отобрана Службой национальной безопасности республики специально для поездки во Францию, чтобы доставить ракетные катера в Иран, поскольку они очень важны для флота. Тем, кто был призван, полагались существенные преимущества, в том числе материальные льготы, позволяющие купить для своих семей множество ценных вещей. А после рассказал одну из своих армейских историй: «В течение восьми дней я служил на ракетном катере «Азархаш» и еще на одном — «Ростам» — в Персидском заливе во время войны с Ираком. Все шло по плану, до тех пор, пока неожиданно утром восьмого дня мы не услышали, что нас будут атаковать иракские воздушные силы. Во время первых налетов мы использовали свою пушку и успешно отбились, а затем мы получили сообщение из штаба, что нам выслали подкрепление. К обеду мы отошли от Абу Муса, важного стратегического острова в Персидском заливе, все матросы были заняты работой на корабле. За нами шел корабль «Рустам». И вдруг опять — наш радар засек приближающиеся к нам истребители. Через несколько минут мы поняли, что это иракские «Миги». Они спикировали прямо на нас, как хищные птицы, и начали бомбежку. Всего было пять истребителей, и мы открыли по ним ответный огонь. Через несколько минут тяжелого боя нам удалось сбить один самолет. Это было как в кошмарном сне, будто огромный вулкан вырвался на поверхность воды. Наш связист доложил в штаб о том, что у нас происходит. Мы понимали, что находимся в большой опасности. И через несколько минут мы увидели еще одну группу истребителей, приближающихся к нам. Один из самолетов выпустил ракету по нашему катеру, и она расколола его пополам. Судно начало тонуть и гореть одновременно, я получил ожог и прыгнул в воду, как огненный шар. Хоть и был еле живой, но все-таки попытался стащить с себя каску и другое снаряжение, чтобы всплыть. Я плохо соображал, что происходит, но видел, как наш корабль дымит и медленно погружается в воду. На том месте, где он ушел под воду, образовалось огромное пятно горючего, и я, глядя на весь этот ужас, почувствовал, что теряю сознание. Потом наступила абсолютная тишина, «Миги» исчезли, ни звука вокруг».

Матрос перевел дыхание, оказалось, что это был еще не конец ...

Я начал искать своих товарищей, надеясь, что хоть кто-нибудь из них остался в живых. И вспомнил, что за несколько секунд до того, как нас настигла ракета, я сидел на палубе вместе со своим другом Санди. Я принялся звать его: «Санди! Санди!» Но ответа не было. Я потерял надежду. И тогда набрал в легкие побольше воздуха и заорал: «Господин Смандар! Ара Смандар!» Все мое тело горело. Мне хотелось плакать, но я даже этого не мог. Я вглядывался в черную воду, но не видел в ней своих друзей. Как вдруг, на расстоянии 15 метров от себя, я увидел чье-то тело. Это был раненный в руку и ногу матрос. Я поплыл к нему, и оказалось, что это Иса с другого катера, с «Ростама». Я помог ему стащить с себя лишнее обмундирование, чтобы он не утонул, и пристегнулся ремнем к его спасательному кругу, чтобы волны нас не разлучили. Я попросил его кричать вместе со мной. Он был очень слаб, но мы все равно кричали, надеясь найти еще кого-нибудь. Послышался ответ, к нашей радости мы нашли еще одного матроса, звали его Фара Бахаш, он тоже был с «Ростама». Теперь нас было уже трое. Мы ничего не видели вокруг, но спасательные жилеты помогали нам оставаться на поверхности. Спустилась ночь. Мы не знали, который час и сколько времени мы уже находимся в воде. Периодически кто-нибудь из нас терял сознание, и тогда другие помогали ему держаться на поверхности, чтобы тот не утонул. Я был уверен, что наше командование в курсе того, в каком тяжелом положении мы оказались, и за нами, конечно, пришлют спасателей. Не помню, сколько времени я провел в воде, но, когда я открыл глаза, я лежал на кровати в госпитале. Мне рассказали, что мы пробыли в воде двое суток. В конечном итоге выжили всего семь человек. Нас продержали в больнице семь месяцев, и наши семьи были счастливы, что мы не погибли вместе с остальными. После выписки из госпиталя меня отправили на это задание, а теперь меня захватили в плен иранские борцы против законного режима моей страны. Бог спас мою жизнь, и я верю, что настанет день, когда он спасет весь иранский народ. Многие из нас разделяют ваши взгляды, но мы не можем сотрудничать с вами, потому что наши семьи все еще находятся в Иране.

Он закончил свой рассказ и поблагодарил за то, что я проявил уважение к нему и к его товарищам.

Эта история растрогала меня до слез. Матрос только укрепил меня в вере в то, что мы братья и между нами существенно больше общего, чем различий. Этих людей, которые находились по ту сторону баррикад, я называю «героями Персидского залива».

Наши товарищи арестованы — все пошло не так

За все то время, что мы с товарищами находились на судне и были сконцентрированы на управлении, а также охране пленных матросов, у нас практически не оставалось времени поинтересоваться, что происходит в мире. А в прессу тем временем просочилась информация о том, что случилось нечто, связанное с иранскими ракетными катерами. Информация была самая разная. На первом этапе появлялись противоречивые сводки, никто толком не знал, что происходит на самом деле, но постепенно информационный туман стал рассеиваться, и в мире стали все чаще говорить о том, что иранские революционеры захватили ракетные катера, принадлежащие Исламской Республике. Пресса еще не прознала о том, что захват был частичным и что, к нашему великому сожалению, нам пришлось довольствоваться лишь одним катером, но стало очевидно, что произошла дерзкая и смелая операция.

Мир сотрясали новости, которые с одной стороны вселяли надежду в иранскую оппозицию, а с другой — были оскорбительными для исламских властей.

В тот самый момент, когда мы захватывали катер, майор Ариана и два других генерала покинули Кадис и были на пути во Францию. Они собирались добраться до штаба оппозиции в Париже, чтобы, воспользовавшись успешным моментом, приступить к первым этапам переворота. Несмотря на то, что у всех были иностранные паспорта, это не помогло им при прохождении границы. Новости распространялись молниеносно, и проверки были мгновенно усилены, так что при переходе их ожидал неприятный сюрприз — их задержали. Полицейские проверили их документы с особой тщательностью и обнаружили, что в иностранных паспортах была отметка, свидетельствующая о том, что они родились в Иране. Тогда их начали допрашивать о том, чем они занимались в Испании.

К несчастью, майор Ариана и его товарищи еще не знали, что информация о нас уже просочилась в прессу, не говоря уже о том, что наш успех был лишь частичным — удалось захватить всего один катер. Сначала пограничники интересовались, что они делали в Испании, кто такие, чем занимаются в Париже, где работают. В конце концов перешли к главному — что им известно об иранском ракетном катере, захваченном группой революционеров. Генералы пытались осторожно отвечать на заданные вопросы и отрицали свою причастность к операции. Они говорили на английском и французском, но полицейские так и не смогли ничего понять. В конце концов, майор Ариана и его товарищи были помещены под арест. Только оказавшись в камере предварительного заключения, они узнали, что нами захвачен только один катер. Они были удивлены, не поверили полиции, и пожелали сами узнать, правда ли это или же их нарочно вводят в заблуждение и сообщают недостоверную информацию. Однако позвонить в штаб в Париже им не разрешили. Кроме того, запретили говорить на фарси и каждого поместили в отдельную камеру.

Подозрения испанской полиции только усилились, когда в карманах были обнаружены различные паспорта. А в машине нашли духовые пистолеты и другое армейское оборудование, которое мы оставили, садясь на «Салазон». Кроме того, в их чемоданах были обнаружены большие суммы денег в разной валюте — в долларах, песетах и франках. Генералы не могли дать этому всему вразумительного пояснения, тем более что они не торопились признаваться в своей причастности, поскольку не знали, как на самом деле сложилась ситуация. Только значительно позднее я понял, что им пришлось тогда пережить, и что они сами не понимали, в каком сложном положении оказались. У них не было возможности связаться с генералом Арианой, который в тот момент находился в Курдистане, и это чрезвычайно усложнило ситуацию. В тюрьме к ним отнеслись очень строго, условия содержания были тяжелыми. Для генералов и для майора это было глубоким оскорблением, ведь все они были из очень уважаемых семей и имели высокое положение в обществе, а здесь к ним отнеслись, как к простым уголовникам.

В течение трех дней ареста и полной изоляции все трое проявили примерное поведение и вызывающую уважение стойкость, категорически отказываясь давать какие-либо показания. Их неоднократно допрашивали, но они продолжали молчать и не предоставляли никакой информации. Следователи пытали их о ракетном катере, о Марокко и об «Армии освобождения Ирана». К ним был также направлен специальный следователь из Мадрида, который также интересовался ракетным катером и его курсом на Марокко. Генералы стояли на своем — они не намерены отвечать, пока им не позволят связаться с Парижем. В какой-то момент к ним даже прибыл адвокат по имени Джакобино Пьерсон, представившийся защитником от имени правительства Испании. Он пытался объяснить, что нет смысла ничего скрывать, потому что все известно и информация общедоступна. Адвокат сказал, что они должны отвечать на вопросы, поскольку в противном случае он не сможет им помочь. Их обвиняют в содействии пиратам, но сотрудничество с их стороны поможет ему выбить для них облегченное наказание. Еще спустя пять дней после ареста майор Ариана и его товарищи обратились в испанскую полицию и заявили, что они действовали в целях защиты своей родины от незаконного захвата. Неожиданно следствие было прекращено. К ним прибыл посланник от французского правительства. Он вернул им паспорта и позаботился о том, чтобы их отправили во Францию. Позднее стало известно, что такой поворот событий стал возможным благодаря переговорам, которые велись между нашими товарищами на корабле и французскими властями по поводу условий стоянки катера. Руководители вернулись в штаб оппозиции в Париже, намереваясь объединить силы и помочь нам достичь максимальных результатов. Тогда мы еще не знали, что нас ожидает в будущем, но были полны гордости и надежд, искренне верили, что сможем привести к свержению исламского режима в Иране.

Допросы в Касабланке

Провал с захватом двух других катеров заставил нас пересмотреть свой первоначальный план. Теперь наше положение значительно ухудшилось, и мы снова не понимали, что делать дальше. Мы долго сомневались, спорили, высказывали различные мнения, порой совершенно противоположные, после чего было принято единогласное решение — продолжать операцию, несмотря на то, что в наших руках оказался лишь один катер. Мы надеялись, что сможем затеять политическую акцию, которая вызовет реакцию благодаря самому факту захвата, пусть даже всего одного катера, и она приведет к перелому в общественном сознании, как на международном уровне, так и на местном, в Иране. Мы понимали, что не сможем долго находиться в море, и, посовещавшись, решили плыть в Касабланку. Нам было известно о том, что там в это время находится сын шаха в качестве гостя короля Хасана. Мы намеревались связаться с ним и попросить его поддержать нашу операцию.

Погода стояла благоприятная, мы вошли в территориальные воды Марокко на закате, но волнение не позволяло нам любоваться природой. Тем более что предстояло справиться с новым препятствием — нам навстречу направлялись корабли марокканского военно-морского флота. Мы сообщили их капитанам, что представляем «Армию освобождения Ирана» и нуждаемся в их содействии во имя Аллаха и короля Хасана, верного друга Ирана. Наши слова несколько смутили моряков, и они какое-то время не выходили на связь. Мы понимали, что наши призывы передаются высшему руководству, и напряженно ждали ответа, очень надеясь на то, что он будет положительным.

После многочасового ожидания было получено разрешение причалить в военном порту в Касабланке. Мы почувствовали некоторое облегчение, хотя успокаиваться было еще рано. Мы ведь не знали, какой прием нам окажут, и вполне допускали, что марокканские власти посчитают нас преступниками и поведут себя с нами соответственно. К тому же мы понимали, что положение у нас не такое уж и выгодное. Мы были уставшие и изможденные, утомленные после долгого плавания, и при этом продовольствие наше было на исходе. Так, с тяжелыми мыслями, в сопровождении военных кораблей, зорко следящих за каждым нашим шагом, мы вошли в порт Касабланка.

Через несколько минут после того, как мы бросили якорь, на борт «Табарзина» поднялись офицеры и солдаты марокканской армии. Они начали задавать вопросы пленным и осматривать катер. Приблизительно через полтора часа проверка была окончена, но адмирала и капитана катера попросили пройти с ними. На этом этапе мы еще не понимали, что мы, бойцы за свободу, превратились в пленных. Ситуация стала проясняться, когда появились марокканские солдаты и увели с собой часть пленных матросов и наших бойцов на допрос. После нам сообщили, чтобы мы не поднимались на палубу со своим оружием, и объяснили, что мы не имеем права находиться на борту вооруженными. Это был первый намек со стороны марокканских солдат на то, что ситуация непростая.

Допросы были продолжительными и утомительными. Только теперь мы начали сознавать, насколько мы беспомощны, зависимы от милости чужого государства, а также бессильны как-либо повлиять на ход событий. Все, что нам оставалось, — это лишь надеяться на лучшее.

Как ни странно это может прозвучать, но матросы Исламской Республики не желали сотрудничать с марокканскими следователями, большинство отказалось отвечать на вопросы. Среди них, конечно, были и те, кто относился ко мне и моим товарищам отрицательно, но отнюдь не ментальность вызывала в них нежелание давать показания, чего требовали от них арабские солдаты. Образовалась некая пародийная ситуация, при которой два враждующих лагеря объединились против марокканских властей.

Запрет на ношение оружия на корабле привел к тому, что мы абсолютно потеряли контроль, которым обладали до этого. Мы также не знали, как сложилась судьба адмирала и капитана корабля, и чем дальше, тем сильнее возрастало наше беспокойство. Мы попытались обратиться к марокканским командирам и выяснить, что с нами будет дальше, но они нас игнорировали, и от этого мы забеспокоились еще больше.

Я решил собрать всех пленных матросов вместе и побеседовать с ними. Это был единственный раз за все время нашей спецоперации, когда я прочитал им настоящую лекцию об иранском национализме и об организации, членами которой были я и мои товарищи, — «Армии освобождения Ирана». Я попытался убедить их, что нам, иранским националистам, следует сотрудничать друг с другом, а не враждовать. Я привел им массу примеров из иранской истории, но это не дало результата, на который я рассчитывал. Пленные матросы не воспринимали мои объяснения и все отрицали. Теперь обстановка на корабле была тяжелая, напряженная, и казалось, что в любой момент может произойти столкновение.

Мне были понятны опасения матросов. Следует помнить, что в тот период отношения между Марокко и Ираном были более чем прохладными. У пленных матросов были причины опасаться, что по возвращении домой иранские власти отнесутся к ним как к предателям, которые сдались врагу. Более того — их могут обвинить в сотрудничестве с марокканскими властями, в то время как власти этой страны относятся к Ирану отнюдь не дружественно.

Как раз в то время, когда мы прибыли в Марокко, в Рабате проходила конференция Лиги арабских государств. В ней участвовали также представители Исламской Республики Иран, и они-то как раз прекрасно знали, что иранские революционеры захватили ракетный катер, а местные власти согласились принять его у себя. С политической точки зрения это, конечно, было провокацией, но нас радовало, что представителям Исламской Республики пришлось пережить из-за нас пару неприятных минут.

На пороховой бочке

Более 30 часов мы пережили в страхе за свое будущее. Когда же марокканские офицеры попросили меня пройти с ними на допрос, мое беспокойство еще возросло. К тому же, офицеров сопровождал мужчина в штатском, который почему-то показался мне знакомым, но я никак не мог припомнить, где встречался с ним раньше. Он вел себя со мной вежливо, пригласил пройти вместе с ним в штаб военно-морского флота. Также он попросил меня предъявить удостоверение личности и другие документы из Франции.

Позаботившись о том, чтобы мне было оказано должное уважение, он вежливо спросил:

— Это ваше первое посещение Марокко?

Я ответил, что нет. Он попросил, чтобы я рассказал о своем предыдущем визите, и я рассказал, как два с половиной года назад встречался с ее величеством императрицей Фарой Пахлеви.

— Я второй раз в вашей стране, — добавил я, — но я приехал с ясным взглядом, открытым сердцем и чистыми намерениями, и я прекрасно сознаю, что делаю.

Во время допроса мне задавали практически те же вопросы, что и в мой первый приезд в Марокко, так что я отвечал почти автоматически. Чувствовалось, что мой следователь смущен моей уверенностью в себе, но дело было еще и в том, что у него не было четких инструкций по поводу того, как вести себя со мной и моими товарищами.

— Вы думаете о своей семье, когда совершаете такие поступки? — спросил следователь под конец допроса. — Полтора года назад вы приехали и сделали императрице определенное предложение, а теперь вы замешаны в такой операции?

— В Иране есть около 40 миллионов детей, и я хочу позаботиться о них не меньше, чем о собственных, — был откровенен я.

Следователь ничего не ответил, но было видно, что мои слова произвели на него впечатление. После этого двое солдат сопроводили меня на катер. Только по дороге назад я вспомнил, кем был этот человек: одним из следователей, которые допрашивали меня в мой первый приезд в Марокко, только теперь он был уже начальником. Впрочем, у меня не было времени подумать о нем, потому что, как только я поднялся на палубу, меня тут же окружили ребята и стали допытываться, что произошло за это время. Мы обменялись информацией и впечатлениями и пришли к выводу, что вели себя на допросах правильно. Нам казалось, что из наших слов следователи должны были сделать только один вывод: что мы не пираты, а бойцы за свободу, которые борются во имя идеологических принципов.

Неожиданный спаситель
Прошло три дня, но ни адмирал, ни капитан корабля так и не появились. Мы постоянно спрашивали, где они и что с ними случилось, но нам только повторяли: «Не волнуйтесь, они скоро вернутся». Тем не менее, у нас были основания для волнений, в том числе из-за ситуации на корабле: закончилась питьевая вода, не говоря уже о возможности принять душ. Горючее подходило к концу, и было очевидно, что очень скоро нам придется оставаться в полной темноте. Все это лишь усиливало агрессию среди пленных матросов.

Большую часть времени я сам их охранял и отлучался лишь на короткие промежутки времени, так как опасался, что они могут напасть на других охранников. Однажды ко мне обратился один из пленных офицеров и сказал, что хотел бы поговорить наедине. Мы спустились в каюту. Там он взглянул на меня, саркастически улыбнулся и сказал:

— Вы замечательные ребята, но вы — не профессионалы.

Меня оскорбили его слова.

— Почему вы так говорите? — спросил я.

— Вы прибыли с целью совершить доброе дело для своей страны, — ответил офицер, — но так ничего и не добились.

Я почувствовал, как во мне нарастает гнев, но постарался сохранять спокойствие.

— Почему? — вновь спросил я.

— Вам известно о том, что эти ракетные катера — самое ценное, что есть у военно-морского флота Исламской Рреспублики? Сейчас марокканцы стараются изучить боевые возможности катера. Откуда вы знаете, что они не докладывают иракцам, в чем слабости катеров этого типа? А ведь это наносит большой вред нашему военно-морскому флоту.

Должен признать, что его слова заставили меня смутиться. Я помолчал, а затем кивнул в знак того, что понимаю, о чем он говорит.

— Спасибо за замечание, — сказал я. — И что же вы предлагаете?

Офицер замолчал и стал любоваться видом, открывающимся из окна: корабли, башни, пирс, центр управления местного военно-морского флота. После длительного молчания он поднял голову, указал на марокканских солдат и презрительно сказал:

— Они наши враги.

— Скажите мне правду, — сказал я, — вы ставите нас на одну планку? Мы для вас действительно точно такие же враги, как они?

— Нет, — ответил он после некоторого молчания с каким-то стоном, так что я даже толком не понял, плачет он или смеется. — Нет! — повторил он, — я не ставлю вас на одну планку с ними.

Я понял, что мои слова сделали свое дело. Мы поговорили откровенно и, как ни странно, оба почувствовали дружественность. Тем не менее, во время нашей беседы я ни на минуту не забывал, что мы находимся в марокканской «клетке», за нами постоянно присматривают, и наша команда на самом деле абсолютно бессильна что-либо сделать. Я понимал, что необходимо совершить нечто, что изменит соотношение сил, но при этом понятия не имел, что именно, и главное — как. Я постепенно начинал отчаиваться, но старался никому не показывать своего состояния.

Офицер почувствовал, что меня гложут сомнения.

— Что же теперь? — спросил он.

Я почему-то почувствовал, что мне нечего терять, и решил открыться ему.

— Нас держат в неведении, — будто пожаловался я, — я понятия не имею, что собираются делать марокканцы, ясно лишь одно, что время идет, и наше положение от этого лишь усугубляется.

— Это все, что тебя волнует? — ехидно спросил офицер.

Его слова меня взбесили.

— А ты что предлагаешь? — ответил я со злобой, которая была вызвана беспомощностью.

— Чувствами тут не поможешь, — прервал меня офицер, — послушай меня внимательно, у меня есть для тебя интересное решение.

Его слова будто окатили меня холодной водой, охладив пылающий в моей груди огонь отчаяния.

— Говори, — устало произнес я, — посмотрим, чего стоит твое решение.

Офицер говорил настойчиво, быстро и четко, и от этого я даже растерялся. В нескольких предложениях он представил мне свой план, который позволял мне кардинально изменить ситуацию, чего я, собственно, и хотел.

— Скажи, чтобы передали командующему военно-морским флотом Марокко, что, если ваш адмирал и капитан катера не будут возвращены в течение двух часов, вы взорвете катер. Результат будет чудовищным. Взрыв такого рода сотрет с лица земли добрую часть порта Касабланка. Скажи также, что ты не намерен вести какие-либо переговоры.

Я горячо поблагодарил офицера.

— Спасибо тебе! Ты наш спаситель! — сказал я. — Но объясни, пожалуйста, каким образом это можно сделать.

— Это сделать очень просто. — С довольной улыбкой ответил офицер, — склад, на котором хранится запас топлива, находится вплотную к запасам взрывчатки. Если мы поставим бочку горючего у входа и выстрелим в нее, взрыв бочки вызовет цепную реакцию со всеми вытекающими последствиями, — закончил свою мысль офицер и еще раз довольно улыбнулся, как кот, который только что сожрал блюдце вкусной сметаны.

Его слова не на шутку взволновали меня, я понимал, что все звучит до ужаса логично. Я сообщил марокканским солдатам, что хочу передать сообщение командующему военно-морским флотом. Я написал короткую записку, положил ее в конверт и передал марокканскому офицеру. Затем я поднял трап, и с этого момента никто больше не мог подняться на катер или сойти с него. Менее чем через час тот же офицер возвратился с ответом.

— Не волнуйтесь, — сказал он, — адмирал и капитан катера возвратятся очень скоро.

Спустя два часа они действительно прибыли на катер. Адмирал обнял меня и поблагодарил за действия, которые привели к его освобождению. Я указал на иранского офицера и сказал, что именно он посоветовал мне так поступить.

Угроза, которую я направил командующему военно-морским флотом, привела к тому, что, как стало известно позднее, марокканцы решили поскорей избавиться от нас. Через несколько часов на катер прислали продовольствие, горючее и воду, команда техников помогла починить все, что требовало ремонта.

Пришло время покинуть Касабланку, и мы сделали это без малейших сожалений — поскорее спустили марокканский флаг и подняли иранский. Кроме того, мы сменили номер корабля с 320 на 20. Это адмирал приказал так поступить, предположив, что есть хоть и маленькая, но все же вероятность, что Исламская Республика попытается расстрелять нас с воздуха, а замена номер введет их в заблуждение, пусть даже ненадолго. Когда все было готово, большой ракетный катер марокканского военно-морского флота сопроводил нас до Гибралтарского залива, а оттуда мы вышли в Средиземное море.

Марокканские власти позволили нам покинуть свою страну, но отказались принять наших пленных. Нам пришлось взять их с собой в следующий пункт нашего следования. Матросы поняли, что конец их злоключений еще не близок. Они надеялись, что власти Марокко согласятся принять их, и были очень разочарованы отказом. Теперь же они вынуждены продолжать плавание вместе с нами, отчего были крайне недовольны.

А мы, бойцы «Армии освобождения Ирана», хотя и были освобождены, но особой радости не испытывали, даже наоборот. За исключением радиосвязи, мы были оторваны от своих товарищей в оппозиции, не знали, известно ли им что-нибудь о нас, а больше всего в этот момент мы хотели связаться с ними, пригласить их на катер и основать правительство диаспоры.

Отплываем во Францию
Мы много дискутировали, нервничали, потому что осознавали, что время работает против нас, и понимали также, что необходимо, во что бы то ни стало, добраться до места, где наша акция получит наибольший резонанс в средствах массовой информации. Обсудив массу предложений, мы приняли решение плыть во Францию. Выбор пал на эту страну по нескольким причинам. Во-первых, из новостей мы узнали, что агенты Исламской Республики казнили французского посла в Ливане. Этот зверский поступок нанес большой вред дипломатическим отношениям между Республикой и Парижем. Можно было предположить, что правительство Франции поддержит нас в ответ на такую

выходку исламистов. Во-вторых, две крупные частично французские компании, связанные с производством ядерной энергии, должны были построить в Иране ядерный центр, однако Исламская Республика в одностороннем порядке отменила договор, подписанный еще в период правления шаха. Таким образом, Париж без сомнений был на тот момент центром иранской оппозиции. А значит, мы могли надеяться, что нам окажут там поддержку.

Солнце клонилось к закату. Мы были на пути из Атлантического океана в Средиземное море. Над нами сгущались черные тучи, видимость была плохой, и это только усиливало ощущение, что мы плывем в неизвестность. Пасмурная погода еще более усугубляла подавленное настроение у всех, кто находился на катере. Капитан корабля взглянул в бинокль, и лицо его омрачилось.

— Приближается буря. Будем надеяться, что перенесем ее без потерь, — сказал он спокойным голосом, но лицо его не предвещало ничего хорошего. — Боюсь, что единственный способ избежать бури — это возвратиться в Марокко.

Мне пришлось объяснить ему, что этого сделать никак невозможно и что, несмотря на все трудности, мы будем продолжать плыть во Францию.

Тем временем недовольство пленных матросов продолжало расти. Им поднадоело сидеть в трюме, и они были очень разочарованы отрицательным ответом марокканских властей. Вся их злость теперь была обращена на нас, и мы чувствовали, что агрессивной стычки не избежать.

И тогда вмешался адмирал.

— Выбора нет, придется их связать, — решительно сказал он.

— Почему? — спросил я. — До сих пор мы обходились без этого. Связав их, мы еще больше усугубим ситуацию, которая и так не самая приятная.

— Вам когда-нибудь приходилось находиться на корабле во время шторма? — спросил адмирал.

Я молчал. Мне понадобилось несколько минут, чтобы сообразить, что он имеет в виду. В условиях шторма нам придется заниматься только кораблем, и мы не сможем полноценно охранять пленных. У нас не было выбора, как только связать их. Мы, конечно, понимали, что они будут протестовать, попытаются сопротивляться, но было необходимо навязать им свою волю, чтобы получить возможность спокойно действовать в сложных условиях.

Мы собрали всех пленных, и капитан катера произнес настойчивую и решительную речь. Он сказал, что гордится своим участием в «Армии освобождения Ирана».

— Кто не сотрудничает с нами, тот наш враг, — добавил он. — Кто с нами, тот наш друг. Я патриот Ирана и борец за свободу и хочу сменить власть в нашей стране, так же как этого хотят все бойцы «Армии освобождения Ирана». Мы должны защитить свою страну. Те, кто сегодня стоят у власти в Иране, — не настоящие иранцы, они не имеют ничего общего с нашей культурой. Истинный иранец борется сегодня за лучшее будущее, за то, чтобы свергнуть режим, противоречащий духу нашего народа.

Это была впечатляющая речь, и, очевидно, многим пленным она пришлась по душе, хоть они не решались открыто выказать свою поддержку. Но было немало и тех, на кого речь адмирала не произвела никакого впечатления.

Солдат, которого я ранил во время штурма катера, вдруг вскочил и яростно крикнул:

— Почему бы вам не казнить нас всех?

— Тот, кто казнит иранца, не может называться иранцем, — ответил адмирал. — Для того, чтобы объяснить или наказать, не обязательно убивать. Казнь — это способ, которым очень любят пользоваться власти Исламской Республики, так жарко тобой поддерживаемые.

Матрос покраснел от гнева, но промолчал, судя по всему, не нашелся что ответить адмиралу.

«Побросайте нас всех в море!», «Да, побросайте нас в море со связанными руками!» — кричали матросы.

Тогда капитан катера решил взять дело в свои руки. Он строго взглянул на пленных матросов и спросил: «Кто из вас действительно готов быть убитым или сброшенным в море?»

— Мы не довольны тем, что с нами происходит, — ответил капитану один из пленных офицеров, — но, несмотря на злость, мы не считаем, что казнь пленных — логичное решение. Мы верные солдаты нашей страны, и обязаны возвратиться в Иран и воевать с настоящим врагом — с Ираком. Они (руководители Исламской Республики) забывают, что все мы необходимы Военно-морскому флоту. Мы хорошо подготовленные, профессиональные моряки, лучшие из лучших в нашей стране.

Некоторые матросы согласно закивали, соглашаясь с выступившим, но были и те, кто так же громко выражали свой протест. Затем вновь вмешался адмирал.

— Помните, пожалуйста: несмотря на разногласия во взглядах, мы вам не враги. Никто не обязан примыкать к нам, но как солдаты вы обязаны выполнять приказы и подчиняться. Любая попытка отказа будет пресекаться. Не вынуждайте нас, пожалуйста, применять силу без нужды, ведь мы с вами соотечественники. Соблюдайте тишину, не пытайтесь бунтовать, и, если вы проявите терпение, я уверен, в конце концов, будет найдено решение, которое удовлетворит все стороны.

Судя по всему, речь адмирала помогла угомонить пленных, напряжение снизилось, а нарастающий шторм в свою очередь заставил всех затаиться на корабле. Все понимали, в какой опасности находятся и что попытки бунта лишь усугубят положение.

Шторм усиливался, и в голове моей пронеслась мысль о том, что погода за бортом отражает ту бурю переживаний, которая поселилась внутри у каждого из присутствующих на корабле. Катер с трудом пробирался сквозь высокие волны. Капитан корабля и офицеры раздали всем спасательные жилеты. Страх перед стихией усиливался, и теперь уже всех нас заботило лишь одно — как пережить этот страшный шторм.

У некоторых, причем не только у моих товарищей, но и у пленных матросов, началась морская болезнь. Я тоже страдал от качки, но не мог допустить, чтобы пленные заметили, как мне плохо. Я крепко сжимал руками железную мачту в попытке сохранять равновесие, но при этом со стороны казалось, что я полностью владею ситуацией.

Выход из кают на капитанский мостик или спуск обратно были особенно опасными, так как палуба была полностью залита водой. Связь между нами осуществлялась только при помощи рации, но шум ветра почти не позволял нам расслышать друг друга. Мне было крайне необходимо поговорить с адмиралом и капитаном катера. Они поддерживали меня и были единственными людьми, на которых я мог положиться в море, особенно в такой опасный момент. И тогда я решил во что бы то ни стало добраться до капитанского мостика. Волны были чрезвычайно высокими и полностью покрывали палубу водой, но я не отступал и все равно медленно, но упорно продвигался вперед, держась за перила. Казалось, я никогда не доберусь до цели, но в итоге все же добрался до капитанского мостика, промокший до нитки и промерзший до мозга костей. Увидев меня на мостике, капитан и адмирал очень удивились и страшно рассердились.

— Вы действовали безответственно, — отчитали они меня.

Капитан сказал, что за 25 лет плаваний он еще ни разу не видел такого шторма. Волны были такими высокими, что доходили до верхушки антенны и вполне могли разбить катер пополам.

Я продрог и был не в состоянии спорить с ними, да и в глубине души я понимал, что они совершенно правы, учитывая, что я всегда был «сухопутной крысой». Постепенно адмирал и капитан смягчились, угостили виски, который здорово меня согрел, а после короткой беседы адмирал вновь отправил меня охранять пленных матросов, отметив, что не встречал еще такого преданного делу солдата.

Картофель спас операцию

Шторм был сильный, высокие волны бились о катер, раскачивая его и пытаясь потопить. Мне впервые в жизни пришлось бороться с разбушевавшейся стихией. На этот раз я не сидел в кресле и не наблюдал бурю на море, представляя, каков может быть шторм на вкус. Теперь я и мои товарищи сами были героями фильма, но главным режиссером была природа во всей ее мощи. Впервые в жизни я испытал настоящий страх, осознавая, что попал в ситуацию, на которую не в силах повлиять и которую совершенно не могу контролировать. Все, что мне остается делать, — лишь надеяться на благополучный исход. Все на корабле чувствовали то же самое — и мои товарищи, и матросы. Мы были беспомощными, страдали от морской болезни, изнемогали от головокружения, рвоты и полного упадка сил. Все как в кошмарном сне. Если до этого существовала опасность, что на корабле разразится бунт, то теперь мы об этом даже не думали. Проверка показала, что лишь я и несколько товарищей все еще в состоянии хоть как-то помогать изнемогающим, которых было большинство.

В этот роковой час, когда появилась настоящая опасность, что наш катер потонет, я на несколько мгновений отключился от происходящего и перед моими глазами всплыли лица моей семьи — жены и двоих детей. Когда я присоединился к участникам операции, мое материальное положение оставляло желать лучшего. Я, конечно, был студентом, но мне еще нужно было содержать свою семью, и при этом моя жена постоянно жаловалась на то, что тот уровень жизни, который я был в состоянии ей обеспечить, резко отличался от того, к чему она привыкла с детства. Я подумал о том, что с ними будет, если я утону. Но стоны и крики ужаса, раздававшиеся вокруг, тут же вернули меня к действительности, и я бросился помогать нуждавшимся в помощи.

В эти трудные минуты нам больше всего помогли двое.

Первым был Стар, тот самый студент, который хотел выйти из группы еще до начала операции. Второй была единственная женщина, присоединившаяся к нашей операции. Стар был студентом медицинского факультета, и его знания нам очень помогли в эту минуту. Нахид же проявила необычайный героизм, силу духа и упорство. Несмотря на дикую качку, она проявляла находчивость и ни разу не сломалась, не пала духом. Она помогала мне и остальным и действовала четко и быстро.

Из-за качки и морской болезни лишь немногие были в состоянии что-то съесть. В этом хаосе, царившем вокруг, в нашем распоряжении был лишь картофель, и это именно тот продукт, который мог облегчить страдания больных. Мы кормили их картошкой, и, как оказалось поздней, именно она помогла нам проложить тропинку к сердцам наших политических противников. Что я имею в виду? На фарси слово «картофель» имеет два значения. Прямое — корнеплод, помогающий при расстройстве желудка и рвоте. А второе — пустой человек, не имеющий ни идеологии, ни моральных принципов. И естественно, что таким прозвищем нарекали человека, вызывавшего презрение.

В эти тяжелые часы пленные матросы видели, как им помогают и относятся с добротой исключительно из идеологических соображений, исходя из принципа, что все иранцы — братья, и поэтому человек обязан помочь ближнему, находящемуся в беде, даже если с этим ближним существуют политические разногласия. Всем было очевидно, что на катере сейчас есть только настоящий картофель — еда, а другой «картофель» — не имеет никакого значения.

Каждая сторона продолжала придерживаться своей

идеологии, но обстановка на корабле начала улучшаться, и появилось взаимопонимание между враждующими лагерями. Неожиданно появился маленький шанс на единство. Это был очень благоприятный момент для идеологической дискуссии по существу. Особенно выделялась Нахид, которая пылко и восторженно объясняла нашим противникам, почему она приняла участие в нашей операции, несмотря на опасность и риск.

Нахид стояла гордо и прямо, с высоко поднятой головой, и говорила с чувством и убеждением. Она рассказала свою личную историю, которая взволновала всех присутствующих, и даже самые ярые противники были вынуждены взглянуть на нее с уважением. И при этом, не забывайте, она была женщиной, а значит — по их представлениям — «неполноценной».

— Я не принадлежу к элите, — сказала Нахид звонким голосом, и это вынудило матросов с интересом взглянуть на нее, — верьте мне или нет, но я родилась в простой крестьянской семье. После «Белой революции», которую совершил шах в 1963 году, моя семья использовала предоставленные льготы в рамках программы передачи крестьянам земель, принадлежащих шаху и богатым слоям в Иране, так что всем это было выгодно. Благодаря этой революции я получила возможность учиться в университете, получить академическую степень и устроиться на работу преподавателем. Затем поехала учиться во Францию, потому что хотела повысить уровень своего образования и получить докторскую степень. Я планировала возвратиться в Иран и помогать своему народу, а не разбогатеть или получить выгоду. В первую очередь меня заботило благо страны. Когда же к власти пришли исламисты, мне стало очевидным, что все достижения иранского народа сойдут на нет. Возможно, власть шаха не была идеальной, но она была в тысячу раз лучше темного радикального исламского режима. Когда я узнала о том, что происходит в моей стране при исламском режиме всего через несколько месяцев после прихода к власти исламистов, я поняла, что должна сделать все, что в моих силах, чтобы изменить сложившееся положение. И тогда я решила принять участие в этой операции, при этом полностью сознавая, какой опасности я себя подвергаю. Я поняла, что не имею права думать только о себе и просто обязана позаботиться о благе иранского народа.

Ее слова вызвали бурные одобрения со стороны товарищей: все мы полностью разделяли ее взгляды.

Оба лагеря громко спорили, старались убедить друг друга в правоте своих взглядов. Все это выглядело дико и глупо, если учитывать опасность, в которой мы все находились. Катер раскачивало на волнах, как перышко, а уставшие люди, изможденные качкой и страхом за свою жизнь, находят в себе силы спорить и отстаивать свои политические взгляды.

Время шло, и постепенно, почти незаметно для нас, ветер стал стихать. В какой-то момент стало ясно, что шторм подходит к концу, и действительно к утру буря стала убывать. После бури на катере царил ужасный беспорядок, многое оборудование вышло из строя, но мы не пали духом. Некоторые матросы еще очень плохо себя чувствовали, другие уже начали приходить в себя. Те пленные, которые были в силах держаться на ногах, помогали нам расчистить палубу и навести на катере порядок. Мы готовились к наступающему дню.

Переговоры, закончившиеся провалом

Капитан корабля приказал осуществить проверку катера, чтобы убедиться, что шторм не нанес ему существенного ущерба, который помешал бы продолжению плавания. Мы получили от него четкие инструкции о том, что именно следует проверить и учесть. Несмотря на усталость, мы проверили исправность катера и убедились в том, что его боеготовность не пострадала, хотя и были обнаружены небольшие неполадки. Как только появилась возможность, двое из нашей команды отправились слушать новости, надеясь узнать, что говорится о нашей операции. Спустя какое-то время они доложили, что пресса негативно освещает наши действия, и эта информация нас очень огорчила.

Я полагал, что французы удивятся, обнаружив на корабле известных военных. Ведь они неплохо были осведомлены о нашей политической деятельности, но нам навесили ярлык обыкновенных пиратов со всеми вытекающими последствиями.

Напряжение нарастало. Услышанные новости вызвали беспокойство о том, какая встреча нам предстоит во Франции. Наше положение оставляло желать лучшего: мы устали, были измождены, главным образом из-за пережитого шторма, катер нуждался в срочном ремонте, и при этом наша судьба была полностью в руках у французов. Мы еще не знали, разделяют ли они наши взгляды, но было очевидно, что их действия будут продиктованы исключительно политическими интересами, которые не в полной мере совпадают с нашими. Таким образом, нам вновь оставалось лишь надеяться на лучшее.

Незадолго до входа в территориальные воды Франции мы спустили иранский флаг и водрузили французский. Также мы отправили сообщение французским властям о том, что это ракетный катер «Табарзин», действующий от имени «Армии освобождения Ирана». Кроме того, мы проинформировали, что намерены передать в руки французов наших пленных и хотим, чтобы лидеры оппозиции беспрепятственно поднялись на борт катера и отправились с нами в Иран.

Французы были крайне удивлены, узнав, что мы появились у их берегов. Они, как многие другие, полагали, что мы направляемся в Египет. Нас попросили вновь объяснить, чего мы хотим. Мы терпеливо повторили, в чем заключаются наши просьбы: передать пленных матросов, получить необходимое для ремонта оборудование и продовольствие, а также связать нас с лидерами иранской оппозиции во Франции и за рубежом.

Во время переговоров, длившихся несколько часов, мы продолжали плыть вдоль прекрасных берегов Франции, наблюдая за отдыхающими, которые даже не подозревали о том, какая драма разворачивается прямо на их глазах. Напряжение нарастало, но в конце концов мы получили положительный ответ. Нас попросили причалить в военном порту в Тулоне. Лишь теперь все обитатели катера облегченно вздохнули. Нам не терпелось оказаться на твердой земле, поесть нормальной пищи и хоть немного отдохнуть от морской качки. Оставалось только причалить и ждать, как будут развиваться события.

Вынужденные обстоятельства

Мы прибыли в просторный военный порт в Тулоне, в котором стояло на рейде множество кораблей: эсминцы, ракетные катера, фрегаты и грузовые корабли. Мощь французского флота впечатляла, но нам некогда было им любоваться. Адмирала позвали в радиорубку. Его звание было самое высокое среди нас, и французы пожелали вести переговоры именно с ним. Мы же напряженно ждали за дверью. Прошло полчаса. Дверь открылась, адмирал вышел с серьезным лицом и попросил нас собраться на капитанском мостике. Все, кроме тех, кто остался охранять пленных, поднялись за считанные секунды. Адмирал говорил быстро и коротко, не пытаясь смягчить значение своих слов.

— Французы требуют полной капитуляции. В ответ они позволят нам отпустить пленных матросов и окажут политическую поддержку. Они не оставляют нам других возможностей, — так закончил свой отчет адмирал.

Мы почувствовали, будто у нас под ногами разорвалась бомба. Адмирал хотел услышать наше мнение. Он отметил, что мы столкнулись с проблемами, которые не позволят нам продолжить операцию. Нам необходимо получать непрерывные поставки продуктов питания и горючего, а в сложившейся ситуации нет никаких шансов, что другие страны окажут нам помощь.

— Прежде чем принять решение, нам необходимо взвесить все «за» и «против», — сказал адмирал, и было видно, что он говорит это с огромной тяжестью на сердце. — Теперь мы должны будем передать ракетный катер французским властям, а они отправят его Исламской Республике. Также они пообещали позаботиться о том, чтобы нас не обвинили в пиратском нападении.

Адмирал молча ждал нашей реакции. Мы понимали, что происходит, но не могли смириться. Мы никак не могли принять тот факт, что вынуждены прекратить операцию, на которую мы возлагали такие большие надежды.

Пока мы обсуждали, что делать дальше, к нам подошел большой ракетный катер в сопровождении двух вертолетов. Летчики хотели побеседовать с капитаном и адмиралом, чтобы узнать, что происходит на катере. Они пояснили, что будут готовы принять 26 пленных моряков, кроме тех пяти матросов и офицеров, которые отказались возвращаться в Иран и примкнули к нам.

Мы приняли предложение французов, стали готовиться к организованной передаче пленных, объявив им, что скоро они будут отпущены. Мы выводили их на палубу группами по пять человек, снимали с них наручники, и они спускались по лестнице в надувные лодки, на которых их доставляли на французский ракетный катер. Некоторым матросам было жаль расставаться с нами, но были и такие, кто открыто демонстрировал свою радость. Теперь они знали, что вскоре смогут возвратиться домой.

Один матрос, которого я освободил, оказавшись в лодке, поднял руку и выкрикнул: «Мы еще вернемся! Мы еще вернемся!» Я понимал, что это значит, — только теперь он решился открыто выказать свое отношение к операции.

Один в поле воин?
Мы остались одни и погрузились в депрессию, сопровождавшуюся глубочайшим внутренним опустошением. Но тишина, воцарившаяся на катере, была вскоре прервана. Мы услышали приближающиеся к нам корабли и шум пропеллеров. На этот раз это были вертолеты и катера, при-

надлежавшие французским и международным средствам массовой информации. Они хотели рассказать миру, что произошло на иранском ракетном катере и что на самом деле скрывается за его захватом. Сначала они обратились к нам по громкой связи и попросили провести пресс-конференцию. Силы французского военно-морского флота позволили им приблизиться к нашему катеру. В первую очередь они пытались выяснить, кто эти люди, похитившие судно. Только в этот момент мы поняли, что власти Марокко скрыли информацию о том, что мы стояли у их берегов, и поэтому никто в мире не знал, что случилось с катером и почему. Теперь нам пришлось отвечать на шквал вопросов журналистов, жаждущих получить достоверную информацию из первых рук о сути и цели операции.

Мы проявили спокойствие и терпение, ответили на все вопросы, четко объяснили, кто мы такие, в чем заключается идеология, что нас побудило пойти на эту операцию и чего мы хотим добиться в результате. Наши выступления вызвали большой переполох в прессе. Теперь картина прояснилась, но все еще не было понятно, как пресса представит ее мировому сообществу. Если они возьмут позитивный тон, то это станет огромным вкладом в подрыв репутации террористического режима в Иране.

Адмирал обратился к команде.

— Мы находимся в опасной ситуации, потому что у нас не осталось козырных карт. Больше нет пленных, и следует принимать в расчет, что, вполне возможно, часть журналистов является переодетыми бойцами, которые в любой момент могут попытаться нас захватить. Вы должны быть бдительными и постоянно оставаться начеку.

Отвечайте на их вопросы, но ни в коем случае не позволяйте подниматься на борт корабля.

После адмирал попытался выйти на штаб «Армии освобождения Ирана» в Париже, но безрезультатно.

Переговоры с французскими властями еще не окончились. Адмирал же настаивал на том, чтобы они пригласили лидеров оппозиции и позволили ему переговорить с генералом Арианой, но правительство Франции не спешило удовлетворить его просьбу и выставило нам ультиматум. Нам следовало сдать ракетный катер местным властям, а в случае отказа нас будут рассматривать как пиратов и правительство не будет нести ответственность за наши судьбы.

На повестке был поистине судьбоносный вопрос: продолжать операцию или остановиться. Я настаивал на том, чтобы держать взятый курс, несмотря ни на что, но, к сожалению, не все члены команды поддержали мою идею. Они недоумевали, как мы сможем завершить операцию без еды и горючего. Я же в ответ предлагал обеспечить себе пропитание ловлей рыбы, хотя, надо признать, без горючего и запчастей, необходимых для починки судна, это было бы непросто. Тем не менее, я никак не мог смириться с тем, что наш план провалился, а по-другому я рассматривать сложившуюся ситуацию просто не мог.

«Во имя чего мы это совершили? Все наши усилия, жертвы, риск! Только для того, чтобы получить несколько публикаций в прессе? Множество наших соотечественников возлагают на нас большие надежды. Мы солдаты и должны биться до победного конца». Вот какие мысли проносились в моей голове. Но времени на раздумья не было, следовало как можно скорее сделать выбор. Команда решила провести голосование. В результате жаркого спора, в ходе которого я настаивал на том, что мы не имеем права отказываться от уже достигнутого ради юридической неприкосновенности, мы обратились к адмиралу.

— Для нас вы не только командир, вы нам как отец. Принимайте решение, как нам поступить.

Адмирала взволновали эти слова. Он склонил голову, закусил губу и с горечью произнес:

— Дети мои, у нас нет выбора. Какой смысл жертвовать жизнью людей без шанса на успех? Мы должны сдать ракетный катер французам, несмотря на то, что это очень больно.

Пресса — противники и соратники

С этого момента основной фронт боевых действий переместился в прессу. Очень быстро мы поняли, что многие средства массовой информации были на стороне исламского режима в Иране. Агенты лоббировали в Иране и за рубежом статьи, осуждающие нашу операцию. Мы получили газеты, и из них нам стало известно, что против нас развернута активная пропаганда. Нас называли пиратами, настаивали, что наша операция незначительна и бессмысленна. Были, конечно, и журналисты, придерживающиеся противоположной точки зрения. Проявив мужество и честность, они отнеслись к нашим действиям положительно, и это отразилось на материалах — в них прославлялись не только сама операция, но также и идеология, побудившая людей принять в ней участие.

Заголовки статей нам льстили. Нас сравнивали с операцией «Шербур», во время которой в 1969 году израильский спецназ захватил французский ракетный катер и доставил его в Израиль, а также с «Операцией Энтеббе», проведенной израильтянами. Мы были горды такими сравнениями, особенно если проводили параллели с «Операцией Энтеббе». Тогда израильский спецназ был отправлен в Уганду для освобождения граждан с захваченного самолета. Мы тоже считали себя борцами за свободу, сражающимися с исламскими властями, которые держат в заложниках миллионы людей.

К сожалению, много критики обрушилось на нас со стороны иранских организаций, которые нисколько не разделяли исламской идеологии. Я имею в виду «Муджахидин Халк» и представителей левых партий. Они отказывались видеть в нас борцов за свободу и представляли нас как пособников стран в борьбе против Ирана. Из чего можно сделать вывод, что они все еще не поняли, в какую пропасть ведет страну фанатичный исламский режим. Тем более им показалось странным, что такую дерзкую операцию провела группа студентов, ведь они были уверены, что за ними стоят серьезные силы, противодействующие Ирану. Самым трудным для наших оппонентов было понять, что участники операции не искали в ней какой-либо личной выгоды и решились на это дело исключительно во имя национальных интересов.

Конец операции «Табарзин»

«Вот и конец!» — сокрушался я, хоть в душе еще отказывался принимать приговор нашей операции. С надеждой вглядывался в лица товарищей — вдруг кто-нибудь из них предложит новое спасительное решение, но в их глазах былаитолько боль разочарования, опустошение и подавленность. Слова были излишними. Это было совсем не то, к чему мы стремились, так отчаянно стараясь, рискуя жизнями. В итоге остались у разбитого корыта, кроме сиюминутного переполоха в прессе так ничего существенного и не добившись.

Мы хотели написать новую страницу в истории родины, стать авангардом революции, которая свергнет власть. Но проиграли уже на старте.

Французы потребовали, чтобы мы возвратили корабль чистым, в том состоянии, в котором он был передан иранской армии в порту Шербур. Несмотря на тяжелое душевное состояние, мы как дисциплинированные солдатывсе же выполнили приказ с честью и достоинством: сложили оружие на склад, почистили палубу и отремонтировали оборудование. Затем упаковали личные вещи и были готовы покинуть судно навсегда. Одной из самых печальных минут была та, когда мы сняли табличку с именем катера — «Табарзин».

Гражданский корабль стоял на якоре рядом с нашим, и в тот момент мы еще не знали, куда он нас доставит. Когда я и мои товарищи покидали катер, мы, не сговариваясь, прошли мимо иранского флага, развевавшегося на мачте. Каждый из нас преклонил колено и поцеловал его в знак прощания с «Табарзином».

Я покидал катер последним. Преклонив колено перед знаменем, символизирующим богатую историю моего народа, я не смог сдержать слез. Мои товарищи, в тот момент уже находившиеся на борту французского корабля, признались, что видели, как мои плечи содрогались от плача. Перед уходом мы спрятали в разных местах на катере маленькие записочки в надежде, что их найдут матросы, которые будут принимать «Табарзин» в свое распоряжение уже в Иране. Это было наше последнее послание солдатам Исламской Республики о том, что придет день и мы еще вернемся, чтобы завершить операцию, но это случится уже на земле Ирана. Ведь для нас это было только начало.

Позднее мы узнали, что «Табарзин» прибыл в Иран, в Персидский залив, и причалил в порту Бендер-Аббас. Представители власти встретили матросов, как победителей, но многие иранцы были этим недовольны и спрашивали, почему нас тоже, людей, которые стали инициаторами операции, не принимают в Иране, как настоящих героев.

Через неделю после окончания этой истории меня пригласили на встречу с семьей принцессы Азады в Ницце. Когда я рассказал им о подробностях нашей операции, ко мне обратился сын шаха Али Раза.

— Почему вы не сбросили в море всех матросов, которые отказывались сотрудничать с вами?

В этот момент у меня просто опустились руки.

Оглядываясь назад и оценивая все, что произошло во время операции «Табарзин», я понимаю, что наша борьба не была напрасной. Тогда мы посеяли первые семена революции в благоприятную почву, и они взойдут, когда придет время. В отличие от операций «Шербур» и «Энтеббе», я и мои товарищи были совершенно одни на поле боя. У нас не было поддержки, ни одна организация не оказала нам помощи. Обстоятельства сложились таким образом, что мы должны были делать все сами. Нашим, возможно, самым эффективным оружием были готовность пожертвовать собой, идеалы, ценности, находчивость, смелость, отвага и вера в то, что мы сможем инициировать начало переворота.

История всех рассудит. Но когда настанет час и в Иране произойдет столь долгожданная революция, мы сможем гордиться тем, что именно мы зажгли первую искру.

Глава 3

Зигзаг удачи

Отлив после прилива

Некоторым утешением после произошедшего было для нас обещание президента Франции Франсуа Миттерана признать нас и предоставить политическое убежище. Тем не менее, мы вынуждены были постоянно оставаться начеку, и чувство приближающейся опасности постоянно витало в воздухе. Наше участие в операции дорогого стоило, но ведь мы и были готовы к жертве. Нас успокаивало только то, что нам, так или иначе, удалось пошатнуть основы Исламской Республики. Также нужно признать, что операция «Табарзин» сыграла огромную роль в формировании репутации группы «Джаван».

Французская полиция проинформировала, что нам угрожает опасность со стороны противников, то есть агентов Исламской Республики и не только их, поэтому необходимо соблюдать максимальную осторожность.

В какой-то момент я сам получил подтверждение тому, что наша жизнь находится в опасности. Однажды у меня дома раздался телефонный звонок. Голос в трубке представился как офицер следственного отдела парижской полиции.

— Здравствуйте, друг мой, — начал он, — давно мы с вами не общались.

В памяти возник образ худощавого мужчины с тонкими усиками в полицейской форме.

— Я полагаю, вы звоните не только для того, чтобы справиться о моем здоровье, — ответил я, стараясь казаться беспечным.

— Вы не ошиблись. Похоже, вы стали настоящей знаменитостью в Иране, — ответил он на этот раз с оттенком иронии в голосе. Не дав мне вставить ни слова, он немедленно продолжил. — В вашей стране есть телепередача под названием «Личность», и в ней представляются враги нынешних властей. Судя по этой программе, вы занимаете одно из первых мест в списке людей, которых иранские власти надеются схватить и предать публичной казни. Я полагаю, вы поняли мой намек. Мы хотели бы, — добавил он, намекая на французские власти, — предотвратить покушение на иранских эмигрантов на нашей земле.

— Я прекрасно понимаю ваши опасения, — ответил я, — и, как ни странно, я вполне согласен с вами. Однако отвечу вам так: я не намерен прекращать свою политическую деятельность.

— Моя обязанность — предупредить вас, — сказал инспектор, — будьте бдительны и осторожны, потому что ваши враги не упустят возможность покарать вас, они настроены решительно. Желаю удачи!

Большая община иранских эмигрантов в Париже пригласила меня поподробнее рассказать об операции «Табарзин». У нас были десятки интервью в газетах и на телевидении, в ходе которых мы в деталях рассказывали о нашем подвиге, но эмигрантам этого было мало. Я согласился на встречу в расчете на то, чтобы использовать эту возможность для помощи своим товарищам. Ведь традиционно на таких мероприятиях присутствуют очень богатые люди — миллионеры и даже миллиардеры. При этом все, кто принимали активное участие в операции, находились теперь в тяжелейшем материальном положении. После того, как их имена стали известны, родственники потеряли какую-либо возможность посылать им деньги из Ирана. У многих не было крыши над головой, некоторые даже голодали и были вынуждены подворовывать продукты, чтобы только выжить.

В своем докладе я рассказал об этих людях. При этом до меня доносилось, как кое-кто из присутствовавших там богачей хвастался своим благополучием. Мне очень хотелось высказать им, что я об этом думаю, но было очевидно, что таким поступком только наживу себе врагов среди своих же соотечественников.

— Перед чужими вы льете слезы и кричите о том, что необходимо освободить Иран, но среди своих ведете себя совсем иначе. Я полагаю, вы очень привязаны к своим банковским счетам в Швейцарии, ведь, только осознав происходящее в Иране, вы поспешили вывезти оттуда свои сбережения. А как быть мне и моим товарищам? Мы не нищие и не собираемся попрошайничать. Мы провели эту операцию, рискуя собственной жизнью. Теперь нам приходится платить за это непомерно высокую цену. При этом все вы высказались в поддержку наших действий, но слово в карман не положишь. Я считаю, что, если вы действительно хотите проявить порядочность, вы просто обязаны поддержать этих людей. Знаете, не раз сторонники левых партий в Иране отмечали, что то, как я веду себя, указывает на мою приверженность их взглядам. И они интересовались, что я делаю в правом лагере, где богатые люди составляют большинство. Я всегда пояснял левым, что считаю себя исключительно национал-патриотом, а иранский национализм базируется на монархии. Таким образом, национализм и монархия не могут существовать друг без друга.

Публика не осталась равнодушной к моим словам. Создалось впечатление, что эти люди, живущие в свое удовольствие благодаря накопленным богатствам, — всего лишь неудачники, слова которых расходятся с делами. Но я не отступался. Воспоминания об операции были еще свежи в моей памяти. В какой-то мере я все еще отказывался смириться с поражением, тем более что сознавал, в каком тяжелом материальном положении все мы оказались. Более того, я знал, что, получи мы сейчас щедрую материальную поддержку, столько бы всего можно было бы добиться... А все эти богачи, которые считали себя несравненно выше остального народа, и пальцем не пошевелили, чтобы помочь своей стране.

Когда шум возмущения утих, я почувствовал неприязнь со стороны публики. Несомненно, мои слова задели присутствующих в зале, но я ничего не мог с собой поделать, не был готов заискивать и унижаться ради финансовой поддержки. Выходил из зала я уже с пониманием того, что спасение придет не от имущих. Много лет спустя, когда я проходил гиюр и изучал мудрость еврейского народа, мое внимание привлекла цитата еврейских мудрецов: «Их богатство милей им собственного тела». Тогда я точно понял, кто имеется ввиду, — те самые люди, которые видят перед собой лишь одно — деньги. А те, кого я в тот вечер так разозлил своими словами, были как раз из этой категории.

Новая операция и раскол в семье

Мой доклад мог обернуться трагедией и для меня самого. Конечно, в основном речь шла о моих товарищах, но все понимали, что и я сам нахожусь в удручающем положении.

Был вынужден работать ночным сторожем в клубах, не гнушался никакой работы, чтобы хоть как-то прокормить семью.

Если до этого мне приходилось бороться исключительно с внешним противником, теперь открылся внутренний фронт, оставивший глубокий шрам в моей душе, не рассосавшийся и по сей день. Имею в виду то отчуждение, которому меня предали в семье после операции «Табарзин». Я уже упоминал, что и ранее меня считали белой вороной из-за моей позиции относительно исламского режима. Но теперь, после того как операция закончилась, да еще и провалом, ситуация усугубилась. Моя жена сердилась на меня за то, что я скрыл от нее свое участие в этом опасном деле. Со своей стороны, она была права, считая, что операция «Табарзин» была поспешным и необдуманным решением, которое могло сделать меня калекой или даже привести к гибели. В этом случае она осталась бы без средств к существованию. Гити считала, что я поступил безответственно. Для нее моя идеология и моральные принципы не имели ровно никакого значения. Она не была готова ни слушать, ни понимать, и пропасть между нами стала глубже. Для посторонних мы притворялись, будто в нашей семье все в порядке, но это делалось лишь из уважения к семье и детям.

Любовь, взаимная поддержка и понимание остались в прошлом. Наш разрыв наметился уже в тот момент, когда Хомейни только пришел к власти и я стал его ярым противником. Позже мое упрямство привело к тому, что меня объявили опасным для общества. При этом моя жена также присоединилась к лагерю моих противников, и теперь, вполне логично, после операции «Табарзин» она считала, что я перешел все границы.

Должен признать, я разрывался на части. Цена, которую мне пришлось заплатить за право оставаться верным своим принципам, была чрезвычайно высокой, и я уверен, что моя жена это чувствовала, дети, несомненно, тоже страдали.

Тем временем, пока я занимался решением личных проблем, ко мне опять обратились люди из группы «Азадган» во главе с генералом Ариана и предложили мне принять участие в еще одной операции, которая на этот раз должна была состояться в Иране.

Несмотря на провальный исход нашего предыдущего сотрудничества, я очень обрадовался предложению и принял его. Моей главной задачей было привлечь сотни иранцев, причем не только во Франции, но и в других странах. Известность, которую получила операция «Табарзин», помогла мне легко набрать большое количество людей. Материальную поддержку оказывал генерал Ариана, который получил большой бюджет на проведение операции в Иране. Я ездил по миру и при помощи связных подыскивал людей, которые могли подойти для дела. Прилагая все свои силы для успеха операции, я к своему удивлению обнаружил признаки элементарного подкупа, о котором никто даже не подозревал. Я понимал, к чему может привести коррупция, поэтому попросил генерала о личной встрече и представил ему доказательства. К моему разочарованию, он предпочел игнорировать факты, и поэтому я принял однозначное решение выйти из игры, чтобы не запятнать свою репутацию.

Я был глубоко разочарован и чувствовал, как день за днем погружаюсь в глубокую депрессию, несмотря на то, что уныние абсолютно не свойственно моему характеру. Тогда я решил прекратить на время политическую деятельность и сконцентрироваться на воссоединении семьи и учебе. Я окончил подготовительный курс на юридическом факультете Парижского университета и получил степень кандидата наук. Вскоре после этого я поступил в докторантуру и одновременно стал подыскивать подходящих партнеров для политической деятельности, которая могла бы привести к положительным результатам. Но в этой области меня вновь ожидало лишь глубокое разочарование. Я понял, что существующая оппозиция абсолютно беспомощна и вся ее деятельность сводится к пустым разговорам, из которых никогда не будет дела.

От безнадежности мы с моими товарищами разрабатывали самые безумные идеи. Например, решили основать организацию, которая будет выбивать деньги из иранских миллионеров на финансирование нашей деятельности. Пока же с минимальными материальными затратами я взялся тренировать группу молодых патриотов-идеалистов, прошедших службу в армии. Также я обратился к предводителю оппозиции доктору Али Амини, бывшему премьер-министру Ирана доктору Шафуру Бахтияру, а также к различным военным чинам, среди них были и генералы Овиси и Ариана. Я пригласил их в наш офис, чтобы они могли сами познакомиться с молодыми людьми, готовыми пожертвовать своими жизнями во имя борьбы с исламским режимом в Иране. Я объяснил им, что этим юношам необходимо регулярно заниматься и пройти профессиональную подготовку спецназа в Иордании, Египте, Германии и Израиле. После этого они смогут проникнуть в

Иран и эффективно действовать для свержения исламского режима. К сожалению, генералы и политики не разделили моих интересов или же посчитали, что я слишком опережаю события. Их отрицательная реакция привела меня к мысли о том, что стоит поискать поддержки у зарубежных организаций, которые могут быть заинтересованы в моем проекте.

На этом этапе я обратился в израильское посольство во Франции и встретился с человеком по имени Магедан. Я рассказал ему об операции, которую мы хотим провести в Иране, но почувствовал, что этот израильтянин не пришел в восторг от моей идеи. Я надеялся, что он пожелает встретиться со мной еще раз и передаст мне ответ израильских властей, но этого не произошло.

Наконец, в 1982 году я получил грант в Италии для проведения исследований в нефтяной компании Italian Agip Petroleum Company. Проект должен был занять полгода. Предыстория такова. В 1953 году, в период правления премьер-министра Мусдака в Иране, во главе этой компании стоял человек по имени Энрико Мате. Тогда же была проведена масштабная экспроприация нефтяных компаний и передача их в государственное владение. Это создало серьезные проблемы для западных компаний, в том числе британских. Все они, за исключением итальянской компании, наложили эмбарго на покупку иранской нефти. Italian Agip Petroleum приобрела большой танкер «Розмэри», который должен был доставить нефть из Персидского залива в Европу, но в Аденском заливе он был потоплен силами британского военно-морского флота. Об этом происшествии много писали в газетах, но не было никаких доказательств того, что американцы и англичане причастны к этому преступлению. Чтобы узнать правду, мне нужно было поговорить с родственниками Энрико Мате, так как сам он был, увы, убит. Помимо основной работы, грант давал прекрасную возможность изучить итальянский язык. Так, я отправился в Италию один, без семьи, и прожил там год, лишь несколько раз за этот период приезжая в Париж повидаться с женой и детьми.

Я жил в доме симпатичной итальянской семьи по имени Моренгосто. Все свое время я посвящал научной деятельности и изучению итальянского языка. В свободное от работы время я также изучал итальянскую литературу в институтах «Данте Алигьери» и «Тамтрон». И хотя политики стало значительно меньше в моей жизни, жена все равно была недовольна — на этот раз тем, что я так долго жил вдалеке. Весной 1982 года, когда я был в Милане, мне позвонил брат, в тот момент находившийся в Париже. Он сообщил, что умер отец.

— Возвращайся в Париж, — сказал он.

Этот день был самым тяжелым в моей жизни.

Я немедленно вылетел в Париж. Все мои братья съехались из разных стран Европы, чтобы побыть вместе. Все мы были политическими беженцам и поэтому не могли возвратиться в Иран, чтобы проводить в последний путь отца. Мне было очень тяжело потерять близкого человека, но вместе с тем я был рад, потому что сбылась его мечта. Он надеялся, что однажды все его дети встретятся, ведь мы были уже давно разбросаны по миру. Несмотря на то, что наша встреча состоялась при печальных обстоятельствах, она была, несомненно, важна для объединения семьи. Интересно, что сбылась и другая мечта отца. Он часто признавался, что его истинное счастье заключается в том, чтобы его дети стали образованными людьми. Несмотря на то, что его заработок не был высоким, все его дети получили высшее образование.

Несколько месяцев спустя мне позвонил один из моих лучших друзей, Ахмед Фарасти, который когда-то работал в тайной полиции Ирана — «САВАК». Он пригласил меня встретиться с ним во Франкфурте, но попросил не афишировать это. Я согласился, а заодно мне удалось встретиться с Айденом Хошбониани, одним из крупнейших поставщиков ковров в Германии. Айден позвал меня на обед к себе домой и предупредил, что среди его гостей будут брат шаха, принц Шафур Ролам Раза, а также мачеха шаха. Он хотел представить меня принцу и попросил захватить с собой все возможные документы, свидетельствующие о моей деятельности против Исламской Республики.

Во время обеда мы обсуждали акции, которые я инициировал на протяжении нескольких лет против исламского режима. Принц с неподдельным интересом рассматривал фотографии и документы. Во время нашей беседы я особо отметил членов «Джавана», которые приняли участие в операции «Табарзин». Я старался убедить принца в том, что необходимо провести еще более серьезную операцию против исламского режима в Иране. Все участники беседы были взволнованы, высказывались оптимистично по поводу совместной деятельности. Принц же высказал желание лично принять участие в такой операции, и тогда пришел черед удивляться уже мне. Я понял, что он нереально смотрит на ситуацию и не понимает, с какими опасностями сопряжены такого рода акции, и что в них должны участвовать только хорошо подготовленные бойцы. Я понял, что напрасно теряю время, и, к огромному сожалению, мне пришлось прекратить общение с принцем.

Через несколько месяцев, когда я вернулся из Германии, у меня состоялась интересная беседа с принцессой Азадой. Я рассказал ей о встрече во Франкфурте и о том, что говорил ее дядя. Она очень рассердилась, услышав его имя.

— В нашей семье его никто не уважает. Мы зовем его Свиньей.

Если до этого момента я еще сомневался, правильно ли поступил, прекратив контакты с принцем, то теперь все стало ясно, и я обрадовался, что в свое время принял правильное решение.

Вскоре после операции «Табарзин» многие из моих товарищей в «Джаване» стали опускаться. Их материальное положение было ужасным, из-за этого они не могли продолжать учебу в университете, чувствовали себя брошенными отщепенцами, беженцами в чужой стране без каких-либо перспектив в будущем. Они потеряли желание бороться, а некоторые даже стали употреблять наркотики. Я не мог спокойно смотреть на то, что с ними происходит, поскольку чувствовал свою частичную ответственность за то, что они оказались в таком положении. Ведь это с моей подачи они вступили в «Джаван» и приняли участие в операции «Табарзин». Насколько мог, я продолжал поиски спонсоров, которые могли бы оказать им поддержку, но безрезультатно. Самое неприятное было то, что именно среди иранцев, проживавших в диаспоре, я не мог найти понимания и готовности помочь юношам, которые были готовы пожертвовать собственной жизнью во имя родины.

Однажды со мной на связь вышел товарищ и предложил обратиться вместе с ним в иракское посольство в Париже. Следует помнить, что в тот период война между Ираном и Ираком была в самом разгаре. Сначала я колебался, ведь я хорошо знал, какие будут последствия, если узнают, что я сотрудничаю с Ираком. Среди выходцев из Ирана не было таких, кто не считал бы иракцев своими врагами, и не важно, были ли это коммунисты, муджахидинцы или ярые исламисты. Антагонизм по отношению к западному соседу был объединяющей силой, тем более что именно Ирак развязал войну. После долгих раздумий, посчитав, что мне больше не к кому обратиться, я решил рискнуть, полагая, что лучше получить помощь Ирака в свержении исламского режима в Иране и уже потом разбираться с проблемой общенационального врага. Я знал, что меня не поймут, но был твёрд в своём решении использовать любой шанс для достижения главной цели.

Я связался с иракским посольством и встретился с советником посла. Мы беседовали в течение двух часов. Мне было важно в первую очередь донести до него, почему я, иранец, хочу с ним встретиться и каковы мои мотивы. После нашего разговора дипломат попросил подтвердить достоверность рассказанного — фотографиями и статьями, в которых описывались бы наши действия. Мы назначили ещё одну встречу, и на этот раз я пришёл со всеми документами, о которых он просил. Просмотрев их, дипломат выглядел очень довольным. Мы назначили третью встречу, во время которой он сказал, что я должен буду поехать в Багдад и встретиться там с важными людьми, жаждущими со мной пообщаться. Я согласился, хотя и понимал, что, как политический беженец, очень рискую, отправляясь во вражескую страну.

Я пробыл в Багдаде неделю, успев за это время встретиться со многими людьми, представителями правительства. После всех дискуссий, интервью, предложений и вопросов по поводу будущих операций мне сказали, что, если я и мои люди хотим доказать серьезность своих намерений, то мы должны будем убить одного из приближенных Хомейни, человека по имени Табатабай, иранского торговца оружием, совершавшего крупнейшие военные сделки в Европе. После того, как мы его уберем, они будут согласны обсудить другие операции. Я ответил иракским агентам, что мы не террористическая организация, а политическая, борющаяся за освобождение Ирана, но я все же вынесу их предложение на обсуждение своим товарищам. Я вышел с этой встречи с неприятным ощущением, серьезность намерений иракцев показалась мне очень сомнительной.

Через неделю я возвратился в Париж и обсудил единственное конкретное предложение со своими ближайшими друзьями в Париже и Франкфурте. После долгих споров мы приняли решение отказаться и сообщили иракским представителям в Париже об этом. Они выразили крайнее недовольство, но мы остались при своем мнении.

Спустя некоторое время я встретил иранского врача доктора Али Ноини, вынужденно покинувшего Иран еще до революции, так как он придерживался крайне левых взглядов. Он рассказал мне о себе и своей оппозиционной политической деятельности. Хотя у нас и было много расхождений во взглядах, тем не менее, я увидел в нем соратника по борьбе с исламским режимом. Я поделился с ним своей идеей создания хорошо подготовленной группы молодых людей, которые смогут проводить военные операции и повести за собой народ в борьбе с Исламской Республикой. Доктор Ноини поддержал мою идею и посоветовал проводить подготовку в Ливане. Также он признался, что намерен вложить средства в гостиничный бизнес и ему понадобится моя юридическая помощь, отметив, что моим людям это тоже будет выгодно. Через некоторое время доктор Ноини купил участок земли в Шобро, что в 80-ти км от Парижа. На участке находилась старенькая, изрядно запущенная гостиница, требовавшая капитального ремонта. Доктор Ноини планировал построить там новый отель и ресторан, и для ремонта требовались рабочие. Я привез 25 своих товарищей, и за три месяца мы сделали капитальный ремонт и превратили эту развалюху в роскошный отель. В те месяцы, когда мы были заняты ремонтом и строительством, у нас не было возможности действовать против иранских властей, потому что в первую очередь нужно были зарабатывать на жизнь, и предложение доктора Ноини подоспело очень кстати. Сам он в этот период несколько раз посетил Ливан.

Участок, на котором располагалось строение, был окружен лесом, а на территории самой гостиницы находились подземные склады. Поэтому мы решили, что сможем приспособить это место для подготовки к сопротивлению. Это был наш тайный проект, и никто не имел представления о том, в чем заключалась наша истинная цель. К тем, кто работал постоянно, присоединялись и другие, приезжавшие специально для участия в тренировках.

В какой-то момент со мной связался полковник Хушанг Вазин, телохранитель императрицы Фары, и попросил меня о встрече. Он сказал, что представляет ее интересы и спросил, почему я и мои товарищи прекратили активную оппозиционную деятельность. Я объяснил, что мы не хотим повторять ошибки прошлого и отныне намерены проводить только серьезные операции, которые помогут нам в продвижении к нашей цели. Полковник был разочарован моим ответом. Он настаивал на том, что нам необходимо возвратиться к деятельности, которая была характерна «Джавану», но я пояснил, что это невозможно.

— Мы не хотим наступать на те же грабли, — повторял я.

Наш разговор закончился ничем, и я, уже привыкший к разочарованиям, отметил его для себя как совершенно бесполезный.

Члены «Джавана» несколько раз собирались для обсуждения будущих акций. Было не совсем ясно, какими именно они должны быть. Воспользовавшись положением основателя организации, я сказал, что хватит раздумывать, пора браться за дело. Но прежде нам нужно составить четкий план действий, цель каждого из которых будет иметь непосредственное влияние как на выходцев из Ирана, проживающих в Европе, так и на страны-противницы исламского режима.

— Сегодня у нас появился уникальный шанс, — сказал я своим товарищам, — мне рассказали, что аятоллы собираются построить большую мечеть в городе Нофль-ле-Шато, где Хомейни жил в период своего изгнания. Они хотят приурочить открытие мечети к трехлетию основания Исламской Республики. Наша задача — любой ценой предотвратить строительство этой мечети.

Я взглянул на свою команду в ожидании реакции. На

секунду установилась тишина, затем товарищи заговорили все вместе, возбужденно высказывая свое одобрение. Я был очень доволен их реакцией, но знал, что мне еще необходимо достать деньги и получить помощь в организации этой акции. Я обратился к полковнику Хушангу и рассказал ему, что мы задумали. Тот пообещал мне поговорить с императрицей и перезвонить. Через несколько дней он связался со мной и сообщил, что мое предложение одобрено, и попросил посвятить его в подробности плана. Мне пришлось отказать ему, сказав, что, по понятным причинам, детали останутся в тайне. При этом я отметил, что нам крайне необходимо содействие деньгами или оружием. Полковник пообещал, что Ее Величество постарается сделать для нас все, что в ее силах. Параллельно я посвятил в свои планы доктора Ноини, потому как знал, что он обладает полезными связями в Ливане. Доктору очень понравилась идея, и он пообещал достать для нас оружие. Я же попросил его найти специалиста по взрывчатым веществам, который сможет обучить нас пользоваться ими. Я собирался заложить взрывные устройства в правильных местах, чтобы здание рухнуло. Уже через несколько недель он познакомил меня с ливанцем, специалистом по подрывам, который был готов выполнить эту работу за 100 тысяч франков. Я доложил об этом полковнику, а он передал императрице и получил от нее разрешение на финансирование.

Неожиданная радость от положительного ответа, увы, длилась недолго. За неделю до старта полковник сообщил мне, что мы сможем получить обещанные деньги только по окончании операции. Я был очень зол, но время поджимало, и нужно было срочно искать того, кто сможет заменить ливанского подрывника. Сдаваться я, естественно, не собирался. Я начал лихорадочно думать, где можно достать деньги. В отчаянии связался по телефону с доктором Каземом Вадии, который был учителем сына шаха и был приближен к императрице. Он объяснил мне, что деньги точно будут переведены по окончании дела, как обещал полковник, и нам не стоит напрасно волноваться. Услышав его обещания, я немного успокоился.

Рано утром бойцы «Джавана» проникли в строящуюся мечеть. Они работали быстро и четко, в точности как их учил ливанский инструктор. Они установили взрывные устройства во всех необходимых местах, а затем, отойдя на безопасное расстояние, привели их в действие при помощи дистанционного пульта. Прозвучал оглушительный взрыв, мечеть рухнула и превратилась в груду камней. Через несколько часов о взрыве сообщило французское радио. Доктор Вадии позвонил мне в Лондон, поздравил с успешной операцией и добавил, что императрица Фара плакала от счастья, потому что в ходе операции никто не пострадал. Исполнение приписывали «Муджахидину», но они сразу же выступили с заявлением, что не имеют к ней никакого отношения. Французская полиция пыталась найти авторов, но так и не смогла.

В обществе эмигрантов праздновали успех операции. Хомейни был высмеян, и это, несомненно, нанесло ущерб его репутации. Но мне этого было мало.

Ядерное безумие

Спустя некоторое время появился план новой акции, которая была еще более дерзкой, чем операция «Табарзин». Тщательно изучив вопрос и проверив все факты, я решил обратиться к принцессе Ашраф, сестре шаха. Я был убежден, что с большой вероятностью она окажет всестороннее содействие. Поскольку у меня были довольно близкие отношения с принцессой Азадой, дочерью Ашраф, то я обратился к ней и попросил устроить встречу с ее матерью, чтобы обсудить один важный вопрос, связанный с нашей борьбой. Мы поднялись к ним в дом, и дочь доложила принцессе, что я хотел бы поговорить с ней с глазу на глаз. Должен отметить, что во время встречи принцесса отнеслась ко мне с большим уважением.

— Ваше высочество, — сказал я, не теряя времени, — у меня есть основания полагать, что вы наделены необходимыми качествами для того, чтобы помочь своему народу свергнуть власть Хомейни и его пособников.

Принцесса внимательно слушала меня, и по выражению ее лица было видно, что она испугана.

— Что вы намерены сделать? — спросила принцесса.

— Я вынужден попросить вас пообещать мне, что никто не узнает о том, что я сейчас расскажу, — предупредил я, глядя ей прямо в глаза. — Даже если вы решите отказать мне, все равно сохраните в тайне то, что сейчас услышите. Если информация будет разглашена, мне и моим товарищам будет угрожать смертельная опасность.

Принцесса побледнела и глубоко вздохнула.

— Я вам обещаю, — сказала она, — даже если мне не понравится ваша идея, я никому о ней не расскажу. Даю вам честное королевское слово.

— Хорошо, — ответил я, — речь идет об очень дерзкой операции, которая потрясет мир. По сравнению с ней история «Табарзин» покажется незначительной. Мы, члены организации «Джаван», намерены захватить атомный реактор в Страсбурге. Группа, состоящая из 14 солдат, прошедших тщательную подготовку по ряду вопросов, захватит атомный реактор. У нас уже есть подробный план операции. Далее мы потребуем от глав государств, которые привели к смещению шаха, — Джимми Картера, Валери Жискар д'Эстена, Джеймса Каллагана и Гельмута Коля — приехать на атомный реактор и объяснить представителям средств массовой информации, а также людям во всем мире, почему они так поступили и своим поступком возвратили Иран на многие века назад. После этого мы сдадимся и возьмем на себя ответственность за совершенный нами поступок.

Наступила тишина. Принцесса смотрела на меня, открыв рот.

— Вы это серьезно? — спросила она так тихо, что я с трудом мог расслышать ее слова.

— Серьезней не бывает, — ответил я.

— А что будет, если главы этих государств откажутся выполнить ваше требование?

— Сомневаюсь, — сказал я, — у них не будет выбора. Если они откажутся выполнить наше требование, мы взорвем реактор. Я полагаю, последствия такого взрыва понятны любому здравомыслящему человеку.

— Извините меня, — сказала принцесса, — я не сомневаюсь в том, что вы действуете из лучших побуждений, но это неверный путь. Я не смогу поддержать такой план. Надеюсь, вы меня поймете.

Я поблагодарил принцессу за то, что она согласилась встретиться со мной, и покинул ее дом. Эта встреча укрепила меня в мысли, что впредь не следует искать поддержки у королевской семьи. Они слишком связаны политическими интересами, а время работает не в пользу активных борцов с исламским режимом.

Притом, что моя жизнь была полна событий, я не прекращал грызть гранит науки и 17 сентября 1984 года, после восьми лет обучения в Парижском университете, я получил докторскую степень — Doctorat d'Etat. Тема моей докторской диссертации звучала так: «Сравнительное изучение иранской конституционной системы правления в 1906-1979 гг. и ее влияние на международное право». Защита длилась более пяти часов и проходила в присутствии комиссии из пяти профессоров и нескольких сотен слушателей. В течение получаса я должен был объяснить, в чем суть моей диссертации, а затем еще три часа отвечать на вопросы профессоров. Затем право задавать вопросы получили все желающие, а мне положено было на них отвечать, при этом комиссия оценивала мои реплики. К своей радости я обнаружил, что профессура осталась очень даже удовлетворена моими познаниями и тем, как мне удалось представить свою позицию. Так, научная степень и гордость за свои академические достижения служили мне утешением, учитывая тяжелую ситуацию в семье и политической деятельности.

Жизнь вносит коррективы

Всего через несколько дней после того, как мне была присвоена докторская степень, я вернулся в гостиницу доктора Ноини с огромным желанием действовать. Он остался моим единственным соратником, готовым оказать настоящую помощь. В прошлом доктор Ноини уже предлагал мне Ливан как подходящее место подготовки бойцов, теперь же он вновь вернулся к своему предложению. Во время общего собрания было решено, что в ближайшее время в гостиницу приедут специалисты из Ливана, которые займутся боевой тренировкой членов организации, а также подготовят нас к постепенному переезду в Ливан. По окончании курса обучения было решено приступить к планированию нашей поездки в Иран с целью совершения революции и свержения правительства.

Я также обратился в израильское посольство в Париже к мистеру Миги Дону с просьбой помочь нам каждые несколько месяцев отправлять в Израиль маленькие группы бойцов для прохождения специальных курсов. После них наши люди возвращались бы в Иран готовыми к уничтожению ключевых фигур шиитского режима, а также разгрому военных баз.

Вторым человеком в военизированной организации «Джаван» был капитан Бахрам Эмтизян, в прошлом — активный работник службы «САВАК». Он посоветовал мне обратиться в посольство Ирака с той же просьбой. К тому времени Ирано-иракская война шла уже восьмой год.

В посольстве мне предложили отправиться в Ирак, чтобы обсудить этот вопрос с представителями силовых структур. Так я и поступил. Однако семидневная поездка в Багдад успехом не увенчалась. Их предложение заключалось в уничтожении представителей Ирана за его пределами, и такая тактика нашей организации совсем не подходила.

Одной из обязанностей, которые я на себя взял, была закупка продовольствия для гостиницы. Для этого мне выдали машину, и на ней раз в несколько дней можно было ездить в Париж. Перед одной из таких поездок, в которую я собрался после воскресного пикника, ко мне подошел один из наших охранников. Так как мы опасались попыток нападения со стороны агентов Исламской Республики, мы установили в гостинице наблюдателей, которые внимательно следили за всем вокруг, не упуская из вида любую деталь, вызывающую подозрение. Оказалось, что наши опасения были оправданными.

— Джамшид, — коротко сказал охранник, — там есть странная машина.

— Что тебе в ней не понравилось? — спросил я.

— Я уже давно наблюдаю синий «Остин», который не первый раз проезжает мимо гостиницы. Это подозрительно. Присмотрись к нему по дороге в Париж. Возможно, водитель попытается на тебя напасть.

— Спасибо за предупреждение, я буду начеку, — сказал я и похлопал его по плечу. С опаской я сел в машину, где меня уже ждали соратники, которых я должен был подбросить в город.

Я ехал по извилистой дороге в Париж и видел, что «Остин» действительно едет за мной. Неожиданно водитель уклонился в сторону моей машины и попытался столкнуть меня в пропасть. Я попытался уйти от него, но он крепко сидел на хвосте. Я потерял управление и упал в овраг. Не знаю, как все дальше происходило, потому что при ударе потерял сознание, а очнулся уже в больнице. Я сразу спросил, что с пассажирами, которые ехали вместе со мной, и услышал страшные новости. Один из моих товарищей, сидевший на пассажирском сиденье рядом со мной, погиб.

Женщина, которая ехала сзади, была тяжело ранена, и теперь парализована. Официально она считалась хозяйкой гостиницы доктора Ноини. Еще двоим моим соратникам повезло — они получили легкие травмы.

Обследование показало, что у меня сломано два позвонка поясничного отдела — L1 и L2, — и я был вынужден провести девять месяцев в разных парижских больницах. Лежа на больничной койке и страдая, неизвестно от чего больше — от боли или от мыслей о пострадавших друзьях, я вспоминал, сколько же раз меня предупреждали о покушении. Горько усмехаясь, я думал, что сказал бы на это инспектор полиции, предостерегавший об опасности. Кстати, доктору Ноини тоже угрожали, и он решил больше не появляться в той гостинице.

В результате той тяжелой аварии началось полицейское расследование. Следователям было хорошо известно о моей политической деятельности. Поэтому мне предстояло объяснить им, что я не сделал ничего такого, что подвергало бы опасности Францию или активистов, которые были моими соратниками. Полиция приняла решение временно закрыть гостиницу.

Все молодые люди, работавшие на строительстве, вынуждены были оставить место, которое приносило им достойный доход. Они разъехались кто куда. Позднее мне стало известно, что один из них стал наркоманом и умер от передозировки. Несмотря на все трудности, мои товарищи посещали меня в больнице, чтобы поддержать и помочь мне не пасть духом. Я был очень тронут: группа молодых людей стоит вокруг постели, а я лежу, весь перевязанный и загипсованный, почти не в состоянии пошевелиться. В такую тяжелую минуту сам не знаю откуда взялись у меня душевные силы, и я сказал им, что все будет хорошо, мы продолжим свою политическую деятельность, и ситуация изменится к лучшему.

В процессе лечения я прошел множество хирургических вмешательств и изнурительных процедур. Моя жена, надо отметить к ее чести, ухаживала за мной как могла, часто навещала вместе с детьми. Для семьи это был очень тяжелый период, и не только из-за того, что я был прикован к кровати, но еще и потому, что у нас не было никаких источников доходов. Мой брат, конечно, помогал материально моей семье, а жена подрабатывала то портнихой, то няней, но этого было недостаточно. Мне было крайне тяжело сознавать, что они нуждаются, и я тогда попросил одного своего состоятельного друга помочь жене и брату.

Как ни странно, но именно в то трудное время, когда я лежал в больнице, наши отношения с Гити стали понемногу нормализовываться. Мы подолгу беседовали, когда она приезжала, оба старались проявлять терпение и не обращать внимание на разногласия.

Через четыре месяца врачи разрешили мне принимать душ, но я все еще не мог это делать самостоятельно. До этого момента я лежал в кровати, а меня обтирали влажными полотенцами. Теперь жена приходила помочь мне помыться, потому что мне было неприятно участие посторонних в этой процедуре. Она же делала это охотно. Я был благодарен ей за помощь и радовался тому, что потихоньку возвращаюсь к жизни.

Еще через полгода назначили физиотерапию. Начало было, конечно, тяжелым. Мое тело окаменело за полгода лежания в кровати, и я с трудом передвигался. Медики помогали мне встать на ноги и заставляли медленно ходить. Я чувствовал себя как беспомощный младенец, и меня это очень удручало. И здесь моя жена пришла на помощь. Она поддерживала меня и осторожно, но настойчиво, заставляла делать над собой усилия и начинать двигаться.

— Джамшид, — говорила она, — ты всю жизнь был упрямым и шел напролом. Ты преодолевал препятствия, которые были намного трудней, чем ходьба. Неужели теперь ты сдашься? Такого Джамшида я не знаю.

Ее слова бодрили меня, и понемногу я все увереннее передвигал ноги, а Гити всячески поощряла и хвалила меня за успехи.

Мои дети тоже изо всех сил помогали мне выздоравливать. Они постоянно говорили мне, что я должен вернуться к нормальной жизни. Например, когда-то я частенько усаживал дочь себе на плечи и подолгу гулял с ней.

— Это самое удобное кресло в мире, — говорила она.

А теперь она пришла в больницу и сказала:

— Мне нужно мое кресло!

Ее слова заставили меня поверить, что все будет хорошо. Действительно, по прошествии некоторого времени я стал замечать, что состояние мое улучшается. Наконец-то я мог воспользоваться инвалидной коляской. Мне приходилось носить специальный корсет, который поддерживал мою спину, и только с ним я мог переместиться на сиденье, но зато дальше я уже мог передвигаться самостоятельно.

Меня часто навещали мои идейные товарищи, и они всегда радовались моему прогрессу. Их слова вдохновляли и усиливали мое стремление вернуться к нормальному образу жизни.

И вот наступил великий день — я выписался из больницы. Хоть еще был не в полной мере здоров, но зато уже мог ходить, слегка прихрамывая. Также мне нужно было заезжать на процедуры в больницу и постоянно носить специальный пояс. Однако пора было браться за дела — материальное положение семьи было ужасным, срочно нужна была работа, чтобы кормить детей.

В тот период я не мог себе позволить гнушаться даже черной работы. Мой друг связал меня с большой компанией, которая называлась «Даниель Коро». Она принадлежала евреям и занималась продажей тканей и дорогих мужских костюмов. Мне объяснили, что придется пройти короткий подготовительный курс, в ходе которого меня научат техникам продаж.

Казалось бы, такая работа была недостойной моего статуса, ведь у меня была докторская юридическая степень, уважаемая и солидная профессия. Но жизненные обстоятельства не оставили выбора, необходимость кормить семью оказалась сильней стыда, который я мог бы испытывать в такой ситуации. Я начал работать продавцом и одновременно подал свою кандидатуру в академические учреждения, но к своему удивлению получал отказ за отказом. Я уходил на работу ранним утром и возвращался домой поздним вечером. Политику, конечно, пришлось забросить.

Через восемь месяцев работы в «Даниель Коро» мне позвонил человек, представившийся Фрейдоном Шаханде. Он пригласил меня встретиться с ним за чашкой кофе. Сперва я хотел отказать, но он настоял на том, что у него ко мне очень важный разговор. Он пояснил, что в курсе моих дел и истории.

— Я мог бы прийти во время вашего обеденного перерыва, если хотите, — сказал Фрейдон Шаханде.

Он оказался пожилым человеком с приятными манерами, хотя и выглядел моложе своих лет. Во время нашей встречи он рассказал о том, что был членом коммунистической партии, а затем состоял в «Туде», организации, которая боролась против шаха и поддерживала Хомейни. Но спустя пять лет, увидев, как развиваются события в Иране, он понял, что глубоко ошибся, согласившись поддержать его. Теперь он прозрел и его мучит совесть. Поэтому он настроен свергнуть существующий режим, но хотел бы подойти к этому продуманно.

Фрейдон объяснил мне, что намерен использовать свои знания и опыт для обучения группы молодых иранских националистов. Он верил, что благодаря своей энергии и отваге они смогли бы привести к перевороту, даже не обладая ни политическим, ни военным опытом. Меня очень взволновали его слова. Он приходил ко мне раз в неделю и делился своими идеями, иногда приносил брошюры, которые сам издавал. Мне он показался достаточно умным, и я посчитал, что накопленный им опыт дорогого стоит. Как-то он высказался относительно того, что подготовку молодого поколения следует держать в тайне, поскольку необходимо привить ему тягу к политической борьбе и верность своему народу. Его взгляды на вопросы воспитания были вполне приемлемыми для меня, я понял их логику и мудрость, и потому я безоговорочно поддержал его.

Однажды он предложил познакомить меня с одним из его коллег, образованным и очень приятным человеком. Мы хотели расширить нашу группу, ввести в нее новых людей.

По сути это уже была работа тайной организации, хотя мы практически ничего и не делали, кроме как вели дискуссии на темы идеологии. В течение нескольких месяцев я относился к этому с энтузиазмом, однако со временем интерес стал притупляться. Я начал понимать, что идея подготовки молодежи неэффективна, так как молодое поколение всегда хочет делать все быстро и видеть результат здесь и сейчас.

Я вновь был горько разочарован тем, что большинство деятелей оппозиции — нерешительные люди, которые никогда не отважатся на серьезные действия. Хотелось все бросить. Я чувствовал себя невероятно одиноким. В таком настроении я вошел в кафе рядом со своим домом в Париже.

— Здравствуйте, друг мой, — сказал мне хозяин кафе, с которым я был хорошо знаком, — что вы сегодня будете пить?

— Кофе, — попросил я, а затем добавил, — и рюмку коньяка.

Я сел за стол и уставился в окно — пасмурно, как раз в тон моему настроению. Наконец мне принесли кофе и коньяк, и в этот момент неожиданно вошел мой добрый приятель. Он заметил меня, и его лицо расплылось в улыбке.

— Привет! — сказал он и подошел к моему столику. — Вижу, ты не в настроении.

— Это верно, — коротко ответил я. Мне совершенно не хотелось ни с кем разговаривать.

— Порой жить бывает нелегко, — вздохнул мой товарищ, — но мне очень нужно с тобой поговорить. Твоя цена на рынке сильно возросла.

Я внимательно посмотрел на него, пытаясь понять, шутит ли он.

— Что ты имеешь в виду?

— Есть достоверные сведения, — ответил он, — что за твою голову назначено вознаграждение. За живого или мертвого. Так что, как я уже сказал, ты дорого стоишь.

Я почувствовал, как все мое тело потяжелело, будто мне на колени взвалили тяжелую гирю, которая не позволяла мне даже пошевелиться.

— В таком случае, возможно, благодаря мне кто-нибудь сможет неплохо обогатиться, — сказал я.

Он озадаченно взглянул на меня и хотел что-то возразить, но выражение моего лица заставило его встать и уйти. Я же продолжал сидеть за столом и чувствовал, что совершенно ничего не хочу делать.

Полет в логово зверя

Мысли о самоубийстве
В начале 1986 года я почувствовал, что моя жизнь потеряла всякий смысл. Мое положение было ужасным во всех отношениях. За исключением нескольких друзей, которые продолжали поддерживать меня, я оказался в буквальном смысле на самом дне: денег нет, большая часть иранской общины отвергла меня, отношения с женой и детьми оставляют желать лучшего, и, в добавок, меня осуждает моя собственная семья, и это не говоря о том, что травма, полученная во время покушения на мою жизнь, приносила мне физические страдания.

Оглядываясь назад, я понимаю, насколько тяжелым было мое душевное состояние. Признаю, что это был единственный момент, когда я действительно сломался. В моей жизни было немало взлетов и падений, и я справлялся с ними более или менее успешно, но тогда я впервые был готов поднять белый флаг.

Я начал думать о способах покончить жизнь самоубийством, потому что не находил никакого смысла существования. На ум приходили различные идеи, но я их все отметал. Хотелось найти способ, достойный борца за свободу, и привлечь внимание общественности к идее, которой я посвятил всю свою жизнь. Я решил возвратиться в Иран и сдаться своим заклятым врагам. Было очевидно, что после того, как мне трижды выносили смертный приговор в мое отсутствие, меня немедленно убьют. Я надеялся, что казнь будет публичной, и утешался мыслью, что хотя бы буду похоронен в Иране.

В марте 1986 года я зашел в посольство Исламской Республики в Париже и заявил, что хочу возвратиться Иран, чтобы меня казнили. Мое заявление привело работников посольства в недоумение. Они просто не знали, как реагировать на мои слова, и, в конце концов, попросили меня подождать. Через некоторое время мне дали бланки и предложили их заполнить.

Я передал им заполненные формы, после чего меня отвели на допрос, который длился четыре часа. Во время допроса я честно и откровенно отвечал на все заданные вопросы. Когда меня прямо спросили, почему я решил так поступить, ответил, что мне стало известно о вынесенном мне смертном приговоре, и поэтому хочу возвратиться в Иран и позволить суду привести его в исполнение. Моя откровенность произвела должное впечатление на людей, которые меня допрашивали, но они все равно не могли поверить, что человек может добровольно сдаться, сознавая, что его ожидает смертная казнь. Возможно, именно моя настойчивость и решительность заставляла их сомневаться. По окончании допроса меня попросили зайти в посольство еще раз для получения окончательного ответа по поводу моей просьбы.

Прекрасно понимая, что удостоверение политического беженца, единственный документ, которым я располагал, не позволяло мне лететь в Иран, на следующий день я опять явился в посольство с четким намерением не отступаться от принятого решения. Как это ни странно, я зависел от милости сотрудников посольства Исламской Республики. На этот раз встреча была короткой и окончательной. Вышедший ко мне дипломат был краток.

— Если вы серьезно хотите возвратиться в Иран, вам

следует лететь в Тегеран из Франкфурта. Зайдите к нам завтра, и мы передадим вам билет на самолет и имя человека, к которому вам следует обратиться в иранском посольстве во Франкфурте.

Я возвратился домой и написал прощальное письмо жене и детям. В последний момент я купил прекрасные подарки, которые, по моему мнению, понравились бы моей 8-летней дочери Бахаре и моему 13-летнему сыну Пайману, а также моей жене Гити, и заставил ими всю нашу маленькую квартирку. Причиной этих странных действий была моя убежденность, что вскоре меня повесят.

На следующий день я вновь отправился в посольство. Там меня попросили еще раз подтвердить свое намерение возвратиться в Иран. После этого мне вручили авиабилет и записку с именем человека во Франкфурте. Приехав в Германию, я сразу позвонил Фрейдону Шаханде, который в этот момент находился там. Я рассказал ему, где нахожусь, и сказал, что нам очень важно встретиться. Мы пересеклись с ним на вокзале. Фрейдон был потрясен, когда я рассказал ему, зачем приехал во Франкфурт и куда собираюсь отправиться дальше.

— У меня к тебе огромная просьба, — сказал я, — позаботься о моей семье. Я совершаю этот поступок по доброй воле, потому что выбрал такой способ умереть.

Утром я первым делом отправился в иранское посольство. Там я нашел нужного человека, он поприветствовал меня и пригласил побеседовать с ним и его коллегой. Меня вновь допрашивали на протяжении нескольких часов, а затем направили в гостиницу, пообещав, что завтра я полечу в Иран. Мне выдали временное международное удостоверение, а я вернул все свои документы.

Во время полета я только и представлял себе, каким способом меня казнят. Я надеялся, что мои дети будут гордиться тем, что их отец погиб как борец за свободу.

Я даже не заметил, как пролетело время и самолет приземлился в Тегеране. Все пассажиры были взволнованы и спешили поскорей ступить на иранскую землю. Мне же было некуда торопиться, и я проходил паспортный контроль последним. Стоя в очереди к окошку, я представлял, как власти обрадуются, что наконец-то я сам попал к ним в руки, и с каким удовольствием они казнят одного из главных своих противников. Полицейский на паспортном контроле проверил мое удостоверение, спросил, как меня зовут, сверил с лежавшим перед ним списком. Он позвонил в колокольчик, и ко мне подошли три солдата пограничной службы. Полицейский передал им мое удостоверение, и они попросили меня проследовать за ними в следственный кабинет.

Сидя в кабинете вместе с солдатом, в то время как двое других остались ждать в коридоре, я думал: «Это последние минуты моей жизни». Человек же, сидящий напротив, все не произносил ни слова. Я ждал своей участи в напряженной тишине. Больше всего на свете мне хотелось поскорей покончить с этой историей. Через полчаса ожидания в кабинет вошли двое. Они спросили, как меня зовут, и пожали мне руку.

— Добро пожаловать на родину, — поприветствовали они.

Затем меня отвели на допрос, который продлился два часа и был точной копией того, которому я подвергся во Франкфурте. Затем следователи сказали, что вполне удовлетворены моими ответами, и попрощались. Я думал, что все формальные процедуры окончены, но оказалось, что я ошибался. Пришли еще три следователя, которые повторили все те же вопросы. Затем передо мной положили стопку бумаги и попросили написать свою биографию, указать, каковы мои политические взгляды и все, что я посчитаю нужным.

Я написал о себе, уделив особое внимание причинам того, почему я борюсь с исламским режимом. Когда я закончил писать, то думал, что теперь-то настало время казни, ведь есть смертный приговор и все, что осталось сделать, — лишь привести его в исполнение. Но к моему удивлению ко мне обратился один из следователей и сказал, что я должен позвонить кому-нибудь, кто сможет прийти и поручиться за меня. Я подумал, что он сошел с ума, и растерянно уставился на него.

— Что вы имеете в виду? — спросил я. — Я приехал для того, чтобы меня казнили.

— Забудьте о казни, — с улыбкой ответил следователь, — возвращайтесь домой. Вы наш соотечественник и имеете все права, которыми располагает любой гражданин Ирана.

Я был уверен, что они все сошли с ума.

— Я возвратился по собственной воле, чтобы меня казнили, — повторил настойчиво, — я уехал из Ирана десять лет тому назад и не имею представления, кто из моих родственников живет в Иране, у меня нет ни имен, ни номеров телефона. Более того, я не хочу вмешивать в свои дела других людей. Как только мои знакомые узнают, что я в Иране, они испугаются. Они заподозрят, что это намеренное желание причинить им неприятности, и будут совершенно правы.

Посовещавшись со своим начальством, следователи сообщили мне, что поручители не нужны. Я могу быть свободен и вправе возвратиться домой.

Я был потрясен. Такой поворот событий был совершенно неожиданным, но в тот момент я ничего не мог изменить. Делать было нечего, и я решил разыскать своих родственников, а затем будь что будет.

Когда я, наконец, понял, что мне подарили жизнь, я будто заново родился, во мне возродилось желание жить. Я только сейчас начал осознавать, какая депрессия охватила меня и привела к таким последствиям. Теперь я оказался в идиотском положении. Сам передал себя в руки враждебных властей и при этом понятия не имел, какой прием окажет мне моя семья и мои друзья с учетом того, что всем известно, что я являюсь противником существующего режима. Я понял, что могу извлечь пользу из создавшегося положения, вернув прежнюю жизнь и доверие властей в Иране.

Реакция офицеров разведки — шиитов — на мое совершенно неожиданное возвращение в Иран была более чем необычной — ведь Военный революционный суд Ирана три раза приговаривал меня к смерти. Я думаю, что ничего подобного раньше им видеть не доводилось. Они просто не могли в это поверить. Спустя шесть месяцев мой приятель Юсеф сообщит мне, что его знакомые в иранской разведке сказали ему, что тех, кто возвращаются в Иран таким же образом, как я, почитают подобно Али ибн Абу Талибу, зятю пророка, поскольку он единственный в истории шиизма, кто совершил подобный поступок. Другие же по-прежнему полагали, что я могу ужалить, как скорпион, и поэтому представляю для них огромную опасность.

Это я, Джамшид!
Я вспомнил, что у меня есть двоюродный брат, который живет в центре Тегерана, в большом доме со своей семьей. Он всегда сохранял мне верность и лояльность. Из аэропорта я отправился в Тегеран и отыскал улицу, где они проживали, нажал на кнопку дверного звонка.

— Кто там? — спросили за дверью.
— Джамшид. Твой двоюродный брат.
За дверью наступила тишина.
— Это шутка? — спросил он, — Джамшида нет в Иране.
— Ты прав, — сказал я, — до сегодняшнего утра меня здесь не было. Я прилетел, и вот я здесь. Если не веришь, спустись вниз и убедись сам, что это я.

Увидев недоверчивый взгляд на лице брата, я с трудом сдержал смех, понимая, что такая реакция была бы неуместной. Он был рад меня видеть, но, очевидно, чего-то опасался. А именно, того, что немедленно явится наряд и меня арестуют. Я сказал ему, что приехал сюда с ведома полиции и Службы национальной безопасности. Постепенно он начал осознавать, что это действительно я, и позвал свою семью. Все были удивлены, не понимая, каким образом я оказался в Иране, и при этом жив-здоров. Я пока не хотел встречаться с матерью, потому что боялся, что у нее будет инфаркт. Попросил отвезти на могилу отца. Когда мы возвратились с кладбища, брат позвонил дядям, братьям моей матери. Он позвал их всех к себе домой, но не объяснил, зачем, потому что не хотел пугать. Увидев меня, родственники были поражены.

На следующий день мы отправились к маме. Мне нужно было подготовить ее, чтобы она не слишком разволновалась, и я решил сделать это постепенно. Один из моих дядей отправился к ней домой.

— Ты что-нибудь слышала о своем сыне? — спросил он.

— Да, несколько недель назад я получила от него письмо, — ответила она.

— Хочешь с ним встретиться? — спросил он.

— Ты с ума сошел? — возразила она. — Ему вынесли смертный приговор, я не смогу его увидеть.

Дядя осторожно взял ее за руку, подвел к окну и показал на машину, в которой я с нетерпением ждал.

— В этой машине сидит Джамшид. Я не шучу.

Мама была потрясена и в первые моменты не могла выговорить ни слова. Затем она постепенно начала понимать, что ей только что сказали, и расплакалась от волнения. Я поднялся в квартиру, и она бросилась мне в объятья и долго не могла отпустить. «Джамшид, Джамшид», — повторяла она мое имя, словно никак не могла поверить, что это действительно я.

— Это действительно ты, Джамшид? Ты мне не привиделся?

Я с нежностью погладил ее по руке и улыбнулся.

— Это я — Джамшид. Я вернулся домой.

Я был так взволнован, что совершенно забыл о смертном приговоре. Меня окружили мои родные и стали спрашивать, как мне удалось возвратиться в Иран. Я хотел рассказать им, но не мог, тем более, что я прекрасно понимал, что все еще нахожусь в смертельной опасности и что полностью завишу от милости и доброй воли иранских властей.

Через несколько дней после моего приезда начался праздник Новруз, персидский новый год, во время которого в течение 13 дней принято ходить в гости к родственникам. Это была прекрасная возможность повидаться с семьей — никто не мог поверить, что я действительно в Иране.

На второй день праздника я пошел навестить родителей своей жены, несмотря на то, что они были родственниками Ибрагима Язди. Они очень удивились, когда увидели меня на пороге своего дома с цветами и сладостями. Они спросили, что случилось, и я честно ответил: «Я приехал сюда, чтобы добровольно расстаться с жизнью, но они решили не убивать меня». Понятия не имею, почему именно им я рассказал правду, а своим родственникам не решился. После попросил их поговорить с моей женой и рассказать ей, что я в Иране.

В письме, которое я написал ей перед отъездом, говорилось, что, когда она станет читать его, меня уже не будет в живых, и я попросил ее не сразу рассказать об этом детям, поскольку я оставил им подарки к празднику Новруз. Ее отец набрал номер и передал мне трубку, не сказав ей ни слова.

— С праздником! — сказал я.
— Где ты?

Она подумала, что я в Европе, но к ее удивлению я сказал, что нахожусь в Тегеране. Она помолчала несколько секунд, а затем закричала:

— Ты совсем с ума сошел! Где ты?

Я повторил, что нахожусь в Тегеране, но она мне не верила, и тогда я передал трубку ее родителям. Спустя много лет, когда я встретился с ней и со своими детьми в Германии, я спросил ее, что она почувствовала, когда поняла, что я в Тегеране, но она промолчала.

Когда праздник Новруз закончился, а государственные структуры возвратились к нормальному графику, я начал работать у своего шурина, мужа моей сестры, в качестве юридического советника строительной компании. До моего отъезда из Ирана у меня была квартира в Тегеране, которую я сдал в аренду посольству Восточной Германии. Теперь я попросил посольство ее освободить. Через два месяца они съехали, а до этого я жил у матери.

Через восемь дней после приезда в Иран я возвратился в аэропорт, чтобы забрать свои документы. Теперь я был спокоен. Я, конечно, понимал, что все еще может измениться и меня все-таки казнят, но доброе отношение ко мне вселило в меня надежду.

Спустя несколько недель меня вновь вызвали на встречу и сообщили, что хотят допросить, но причин для беспокойства нет. За мной прислали машину, и я усмотрел в этом добрый знак. Во время процедуры ко мне отнеслись с уважением, говорили вежливо, попросили быть откровенным и не бояться высказать критику в адрес правительства.

Должен признать, я был удивлен, но в любом случае не собирался скрывать свои взгляды. Я объяснил следователям, почему не принимаю исламский режи , и подробно разъяснил свою позицию. По выражению их лиц можно было понять, что мои слова им неприятны, но они поблагодарили меня за откровенность.

Когда мы прощались, один из следователей обратился ко мне.

— Мы понимаем, что вы много лет боролись с нами, но теперь вы возвратились в совершенно другую реальность и сможете сами увидеть, какие перемены произошли в Иране.

вам понадобится время, чтобы оценить эти изменения, вы увидите своими глазами, что это совершенно новая страна. Если же после этого у вас все еще будут замечания, мы с удовольствием выслушаем их и ответим на все ваши вопросы.

Я его поблагодарил, мы пожали друг другу руки и разошлись. Теперь я мог начинать осваиваться в новом Иране. Мне хотелось заниматься юриспруденцией, но коллегия адвокатов сообщила мне, что так как я получил степень до Исламской революции, я должен буду пройти стажировку, которая продлится один год, чтобы изучить изменения в иранском законодательстве. Я прошел ее в адвокатской конторе в Тегеране и через полтора года получил лицензию и начал работать. Во время стажировки я разместил в газете объявление о том, что преподаватель с докторской степенью и знанием английского, французского и фарси дает частные уроки и готовит к поступлению в университет. Таким образом, днем я работал в строительной компании, а по вечерам проводил занятия на дому.

Теперь мое материальное положение существенно улучшилось, и я был очень рад, что могу помогать своей семье в Париже. Я очень хотел, чтобы жена и дети возвратились в Иран, но Гити наотрез отказалась. Она считала, что дети привыкли жить в Париже и было бы неразумно увозить их в Иран, тем более что им будет трудно приспособиться к новой культуре и языку. Она также была уверена, что возвращаться в Иран все еще небезопасно. Я пытался убедить ее в том, что страхи напрасны, но все было бесполезно. Жена настаивала на своем, и мне пришлось смириться с нашей разлукой.

Однажды мне позвонил человек по имени Мухаммад Амин. По его словам, он прочитал мое объявление в газете, и оно произвело на него большое впечатление. Он сказал, что ему нужен учитель французского языка, но настаивал на том, чтобы я приходил к нему домой, к тому же в ранние утренние часы. Я все еще нуждался в деньгах и поэтому согласился с его требованием. Мухаммад оказался интеллигентным, приятным и очень религиозным человеком, жившим в престижном районе Тегерана. Он объяснил, что вскоре поедет во Францию в качестве дипломата, представляющего интересы Исламской Республики. Ко мне он отнесся с большим уважением и вел себя очень вежливо. После того, как он в течение получаса проверял мои знания французского языка, мы договорились о том, что я буду приходить к нему три раза в неделю. Когда встал вопрос о цене, я назвал двойной тариф, потому что уроки должны были проходить рано утром, а также попросил заплатить за двадцать часов вперед. К моему удивлению, его это нисколько не смутило, он сразу выписал чек. Сумма мне впоследствии очень пригодилась.

Через несколько уроков он пригласил меня позавтракать вместе с его семьей, поскольку мы уже подружились. Он попросил меня поведать о себе и о своей семье, а также хотел знать, каковы мои политические взгляды и как я жил во Франции. Очень скоро мы сблизились. Я рассказал ему о своей общественной и политической деятельности и не скрывал, что на протяжении многих лет был политическим беженцем. Его очень взволновал мой рассказ.

Однажды Мухаммад предложил мне работу в общественном секторе. Я ответил, что, возможно, приму его предложение, но все зависит от того, о каких обязанностях пойдет речь. Он сказал, что образованный человек должен заниматься достойным делом, а не давать уроки французского языка. Он настаивал на том, что правительству стоит использовать таланты таких людей как я, потому что таких немного, в особенности в государственном секторе.

Когда я пришел к нему домой в следующий раз, Мухаммад Амин встретил меня, как всегда, очень радушно, но на этот раз повел меня в гостиную и усадил в кресло.

Вы согласитесь, если я порекомендую вас министру внутренних дел Али Ахбару Мухташми на должность губернатора области Кохгилуйе и Бойерахмед?

Я подумал, что мне послышалось. Даже во сне я не мог мечтать о такой должности. Но ответил, что должен подумать над его предложением, и когда мы встретились во второй раз, сказал, что согласен.

— Готовьтесь, — с улыбкой сказал Мухаммад, — мы идем к министру внутренних дел, и я вас ему представлю.

В назначенный день мы пришли в канцелярию Али Ахбара Мухташми. После короткого знакомства министр спросил:

— Вы молитесь по исламскому закону?

Я подумал немного над ответом. С одной стороны, я понимал, что если солгу, Мухаммад разочаруется во мне, ведь он знает правду, с другой же стороны, если я скажу правду, то не получу эту должность. Мухаммад Амин понял, в какой я оказался ситуации. Я попытался уйти от прямого ответа, переведя все в шутку, но почувствовал, что Мухаммаду неловко, а министр понял, что я пытаюсь «пройти между каплями дождя и остаться сухим». Он вежливо поблагодарил меня за то, что я пришел на встречу, и на этом она закончилась.

— Какой же он дурак! — сказал Мухаммад, когда мы вышли из канцелярии министра. — Жаль, что вы не ответили «да».

Слова Мухаммада меня удивили, но я не жалел о том, что сказал.

— Я не умею лгать, — сказал я, — и если бы сделал это, вы могли бы пострадать. В любом случае, я не ожидал такого вопроса, и может быть это даже к лучшему, что все так обернулось. Мне показалось, этот министр — невежественен и фанатичен, и я не хотел бы работать под его началом.

Мухаммад посмотрел на меня, улыбнулся и согласно кивнул. Неудачная встреча с министром не повлияла на наши отношения, даже наоборот — они только стали крепче и переросли в настоящую дружбу.

Спустя несколько недель Мухаммад предложил мне другую должность — юридического советника в офисе одного из ведущих деятелей правительства, Хашеми Рафсанджани, но эта попытка также не удалась. Мухаммад Али был очень расстроен, но я заверил его, что очень благодарен ему за заботу.

Через некоторое время Мухаммад Амин показал мне брошюру, содержавшую секретные сведения и разосланную в различные министерства. Он попросил меня, чтобы я ознакомился с информацией, а затем спрятал ее в своем кабинете. Он подчеркнул, что это ни с кем нельзя обсуждать. Я понял, что Мухаммад хотел, чтобы я был в курсе того, что происходит в стране. Открывшаяся мне информация меня поразила. Я понял, что Мухаммад Амин был не рядовым деятелем, а человеком с большими связями, и, возможно, даже работал в разведке. В какой-то момент я даже стал опасаться, что меня пытаются загнать в ловушку.

Мои переживания подкреплялись еще и тем, что время от времени меня вызывали в службу безопасности «на собеседование», как они это называли. Мы никогда не встречались в людных местах, за мной приезжали на машине, и беседы велись во время перемещений. Когда Мухаммад передал мне брошюру, я решил не рисковать. Во время очередной встречи, которая произошла вскоре после этого, я рассказал работникам Службы национальной безопасности о своих встречах с Мухаммадом и даже показал им ту самую брошюру. Они приказали мне вести себя, как ни в чем не бывало, и продолжать обучать Мухаммада и его семью, как я делал до этого.

Через несколько месяцев мне позвонил Мухаммад и сказал, что нам лучше прекратить наши встречи. Он добавил, что свяжется со мной, когда будет подходящий момент. Тогда я даже не подозревал, при каких обстоятельствах мне предстоит встретиться с ним вновь.

Прошло некоторое время, и я почувствовал себя увереннее и понял, что мой приговор не собираются приводить в исполнение. Работники Службы национальной безопасности говорили мне, что я могу вести нормальный образ жизни, как любой другой гражданин Ирана. Мне, конечно, приходилось очень много работать, но это позволяло мне жить, ни в чем себе не отказывая.

В течение долгого времени меня мучила бессонница, а если же я с огромными мучениями все же погружался в сон, меня одолевали кошмары. Мне постоянно снилось, что власти все-таки арестовали меня и я повешен...

Родной голос
Объятия были крепкими, такими что кости трещали. Я чуть не задохнулся и с трудом высвободился из его крепких рук.

— Дядя, — сказал я, тяжело дыша, — ты все такой же силач, как и прежде.

— Нет! — отрезал он. — Ты сам прекрасно знаешь, что я уже не тот, что был когда-то, но моя любовь к тебе не ослабла, а возможно, даже усилилась.

Я любовался человеком, который произнес эти слова. Муса, мой дядя, мой учитель, человек, который поддерживал, поощрял, укреплял мой дух с детских лет.

— Нам нужно поговорить, — сказал Муса и посмотрел на меня испытывающим взглядом, который был мне так хорошо знаком.

— Да, — согласно кивнул я, — мне многое нужно тебе рассказать через столько лет разлуки, но прежде мы должны... — я замолчал и улыбнулся.

Муса подозрительно взглянул на меня.

— Говори!

Я весело улыбнулся ему.

— У меня в горле пересохло.

Лицо Мусы озарилось улыбкой.

— Ну и чего ты ждешь, болван ты эдакий?

— Но мы ведь живем в исламской республике? — спросил я.

— Вино утешит сердце человека, — презрительно фыркнул Муса. — Хватит болтать, разливай божественный нектар!

— Нектар из коммунистического рая? — не удержался я.

— Не важно, — отмахнулся Муса, — мне нужно выпить. Я уже давно не утолял жажду.

Я широко улыбнулся, подошел к книжной полке и нажал на потайную кнопочку, спрятанную за книгой. Полка повернулась вокруг своей оси, и за ней показался ряд бутылок, в которых было все, что душе угодно: виски, водка, текила и различные ликеры.

— Глаз радует! — вздохнул Муса.

— Держи, — сказал я, протянув Мусе стакан хорошего шотландского виски.

— Божественный нектар! — сказал Муса.

Но тут его взгляд потемнел.

— Чем ты думал, когда решил возвратиться в этот земной ад, называемый Исламская Республика? Ты же прекрасно знал, что тут у нас происходит.

— Я знаю, это покажется странным, — сказал я, — но я хотел, чтобы меня казнили.

Муса уставился на меня, отказываясь верить своим ушам.

— Ты шутишь, — сказал он, — в таком поступке нет никакой логики, тем более, когда это касается тебя. Ты уверен, что не сошел с ума?

— Совершенно уверен, — ответил я.

Я рассказал ему обо всем, что со мной происходило во Франции. Борьба, разочарования, семейные проблемы - все, что привело меня к ситуации, в которой я оказался.

Муса слушал меня очень внимательно, время от времени кивая головой в знак согласия.

— А ты нисколько не изменился, Джамшид, — сказал он, смеясь, — может только стал еще неудержимее.

Я взглянул на Мусу и тоже рассмеялся.

— В любом случае я рад, что ты здесь, — сказал он и добавил уже серьезным голосом, — ты склонен попадать в ситуации, а сегодня обстановка в Иране сильно отличается от той, что была, когда ты уезжал. Не стоит заблуждаться по поводу того, как тебя здесь встретили. Помни, что в любой момент все может перемениться, и тогда голова с плеч!

— Да, — задумчиво протянул я, — я в курсе, буду стараться сохранить свою шкуру.

Муса взглянул на меня, мой ответ его явно не удовлетворил.

— Джамшид, — сказал он, — всегда помни, что у стен есть уши.

— Да, — ответил я, — как в Советском Союзе.

Муса состроил гримасу.

— С этим покончено, — сказал он, и я понял, что чувствует себя неловко.

— Настолько? В твоих устах это почти как сменить религию, — сказал я, удивившись тому, как Муса говорит о Советском Союзе.

— Я ошибался, а цена за прозрение кусается, — сказал он со вздохом. — Давай больше не будем об этом.

Я кивнул и с любовью взглянул на Мусу. Что было толку сыпать соль на раны человеку, который был мне так дорог. Я налил нам еще по стаканчику, и мы вернулись к нашему разговору.

Эта встреча была первой в серии посиделок с Мусой. Он был мне крайне необходим в это опасное для меня время. Муса, как всегда, был якорем. Поддерживал, поощрял, ругал, но главное — он любил меня без всяких условий. Помимо воссоединения с мамой, встречи с Мусой были самым важным, что у меня было в Иране. Тогда я еще не знал, что вскоре мне предстоит расстаться с ним навсегда и что больше мы с ним никогда не увидимся.

Развод и женитьба
Для меня стало большой неожиданностью, когда однажды мне позвонила сестра и спросила, смогу ли я помочь одной ее подруге. Когда я спросил, о чем речь, она объяснила, что девушка сидит в тюрьме за незаконную политическую деятельность. Я ответил сестре, что сделаю для нее все, что смогу.

Я навел справки, и оказалось, что муж Анжелы, полковник морского флота, был активным борцом против Исламской Республики в Турции. Самой Анжеле дали два года тюрьмы за попытку связаться со своим супругом. Кроме того, ее обвинили в подпольной деятельности. Анжела утверждала, что поехала навестить мужа, потому что он отец ее детей, то есть из гуманитарных, а вовсе не из политических соображений. Кроме того, она сказала, что должна была встретиться с ним, потому что он хотел развестись из-за возникших между ними разногласий. Он хотел бороться против исламского режима за пределами Ирана, а Анжела была не согласна и требовала, чтобы он вернулся в Иран.

В то время мне было еще неизвестно, что полковник, о котором шла речь, был мне хорошо знаком. Позднее же выяснилось, что за четыре года до возвращения в Иран мой отец просил меня помочь этому полковнику, который был другом нашей семьи, и я действительно выполнил просьбу отца и помог тому связаться с канцелярией Шапура Бахтияра в Турции. Как я уже сказал, в тот момент я еще не понимал, о ком речь, но, тем не менее, я помог Анжеле представить ее аргументы в правильной форме и, как результат, выйти из тюрьмы.

Через несколько дней она пришла в мой офис вместе с

моей сестрой, чтобы поблагодарить меня, и спросила, нет ли у меня для нее случайно какой-нибудь работы. Я ответил, что, возможно, у меня есть работа, которая ей подойдет, и попросил заполнить форму. Когда Анжела заполнила все необходимые данные, мне было достаточно беглого взгляда, чтобы понять, что речь идет о том самом полковнике, которому я когда-то помог.

Вскоре у нас сложились теплые дружеские отношения, которые со временем переросли в любовь. Когда наш роман с Анжелой был в самом разгаре, и я был счастлив, что нашел такую замечательную женщину, я неожиданно получил документы из французского суда, свидетельствующие о том, что моя жена со мной развелась. Теперь я был свободен оформить официально свои отношения с Анжелой. До этого момента мы встречались тайком. Исламский режим не приветствовал совместную жизнь без брака, и меня очень беспокоил тот факт, что я никак не могу получить развод. С учетом непростой ситуации, в которой мы оба оказались, Анжела предложила мне подписать договор о «временном браке», так называемом «Сире у Мутэ». Мы заключили договор сроком на полгода и жили вместе как муж и жена, но при этом стеснялись сообщить своим родственникам о том, что пошли на этот шаг. Ведь я прекрасно понимал, что изначально исламская традиция ввела такой вид договора исключительно для того, чтобы легализовать проституцию.

Знакомство с Анжелой открыло мне мир, с которым я был совершенно незнаком — тюрьмы Исламской Республики. У Анжелы была потребность снять с души пережитую в заключении травму, и поэтому она порой пускалась в воспоминания, от которых у меня буквально сердце леденело.

Среди прочего она рассказывала мне о тюрьме «Эвин». Это специальная зона для политических заключенных. Там применялись пытки, с женщинами обращались крайне жестоко. Она рассказывала, какие кошмары снились ей в тюрьме по ночам. Однажды припомнила, как всех заключенных женщин собрали у начальника тюрьмы. Он приказал коммунисткам перейти в левую часть зала, а сторонницам «Муджахидина» — в правую. Распределение получилось приблизительно пополам. Анжела осталась одна в середине зала.

— Ты кто? — спросил ее начальник тюрьмы.

— Я националистка, — ответила Анжела.

Тюремщики и заключенные рассмеялись, они отказывались верить, что кроме коммунизма и «Муджахадина» есть что-то еще. Но Анжела была действительно иранской националисткой, и она продолжала настаивать на своем мировоззрении.

Она рассказывала мне о сексуальных домогательствах, об изнасилованиях и пытках. Их выводили во двор на казнь, стреляли в воздух и заставляли признаться в том, чего они не совершали, например — в диверсионной деятельности или в шпионаже в пользу Израиля. Однажды она вывесила свою одежду на просушку во дворе. Когда она возвратилась в здание, другие женщины начали кричать ей, что она осквернена. Она спросила, почему они так говорят, и ей объяснили, что она повесила свою одежду на веревку, которая принадлежала бахаям, и поэтому ей нужно перестирать все заново и повесить на другую веревку. Она ответила этим женщинам, что нет никакой скверны в бахаях и что они такие же люди, как все остальные. С этого момента заключенные не давали ей прохода.

Такое отношение к Анжеле было связано с тем, что в Иране к бахаям относились с презрением. Они считались неверными, потому что почитали другого пророка. Анжела не обращала внимания на бойкот и не была готова изменить своему мировоззрению только для того, чтобы справиться с ситуацией. Новость о ее поведении распространилась среди заключенных, и через некоторое время к ней подошли несколько бахайских женщин и выразили ей благодарность за то, что она встала на их защиту. Анжела подружилась с бахайскими заключенными, и, даже выйдя из тюрьмы, она продолжала поддерживать с ними связь. Меня очень взволновала эта история, и я попросил Анжелу пригласить своих подруг к нам домой. Анжела очень обрадовалась, и у нас завязались теплые дружеские отношения с группами бахаев.

Когда Анжелу арестовали, у нее было двое детей — мальчик десяти лет и девочка четырнадцати. Они остались без родителей, потому что их отец находился в Турции. Мало того, детям также был объявлен бойкот, потому что их родители — политические противники исламского режима. Вот почему семья Анжелы решила отправить детей в Австралию, где у них были родственники. Теперь Анжела мечтала поехать на другой континент, чтобы воссоединиться с детьми, но у нее отняли заграничный паспорт и запретили выезжать из Ирана в течение десяти лет.

Я решил попытаться помочь Анжеле исполнить ее мечту и обратился в Министерство внутренних дел и в посольство Австралии. Я добивался разрешения на выезд Анжелы в далекую страну целый год, и в конечном итоге нам удалось его получить. Мы решили поехать к детям вместе, но я был очень занят на работе, и поездку пришлось отложить.

Анжела Фереште была моим верным сподвижником и добрым помощником. Несколько раз нас арестовывали на улице, поскольку мы не приходились друг другу ни мужем и женой, ни братом и сестрой. Как я уже говорил, в шиитском законодательстве есть особая система браков — «мут'а» (араб.) или «сигэ» (перс.). Они являются временными и заключаются на определенный период времени — от нескольких часов до нескольких лет. Наконец мы поняли, что можем поиграть в эти игры, и трижды заключали шестимесячный временный брак, хотя нам обоим это было не по душе. Когда же мы прибыли в Австралию, Анжела попросила разрешения представить меня детям как своего мужа, и я согласился. Австралийские власти также зарегистрировали нас как супружескую пару.

Меня все еще «пасли» сотрудники Службы национальной безопасности. Они продолжали встречаться со мной и настаивали на том, чтобы я, как и прежде, был с ними откровенен. Они были довольны моим поведением, но постоянно пытались убедить меня в справедливости Исламской революции.

— В отношении революции я еще не уверен, — говорил я. — Я против революции.

Они понимали, что я говорю то, что думаю. Дважды просили меня давать интервью перед камерой, рассказывать о своем опыте, о своей политической деятельности и о том, что я думаю об Иране. На этих интервью задавались вопросы на политические темы. Я пользовался возможностью предъявить свои претензии иранской оппозиции. Я отмечал, что большинство деятелей — бесхребетные люди, которые заботятся только о себе. При этом я критиковал также исламские власти в Иране. Я говорил о недостатках, указывал на то, что необходимо исправить. Но также отмечал, что Исламская Республика проявила ко мне терпение и что, несмотря на то, что я был объявлен врагом, против которого вынесен смертный приговор, в итоге ко мне отнеслись доброжелательно и терпеливо.

Старые друзья, новые друзья
В тот период я обычно три раза в неделю в утренние часы ездил в горы Альборз, чтобы заняться альпинизмом. Однажды, спускаясь с горы, я встретил Юсефа, чемпиона Ирана по боксу. В эмиграции он был одним из лидеров «Джавана». Встреча с ним была для меня неожиданностью. Мы обнялись.
— Что ты здесь делаешь? — спросил я.
— Решил в подражание тебе тоже вернуться в Иран.

Он рассказал мне, что большинство посчитали, будто я переметнулся в лагерь противника и теперь сотрудничаю с Исламской Республикой, и только немногие увидели в моем решении возвратиться в Иран смелый поступок.

Спустя некоторое время я встретил еще двух близких товарищей из «Джавана». Первым был Стар, тот самый студент, который участвовал в операции «Табарзин». Он представлял иранских студентов в Министерстве просвещения Франции. Вторым был Нико, представитель компании «Рено» в Иране. Они приехали в страну вслед за мной и подтвердили слова Юсефа. Мне рассказали, что еще два товарища, Рахати и Даула, незаконно проникли в Иран через Ирак, чтобы организовать деятельность против исламского режима. Но их судьба была трагичной: они были пойманы и казнены.

Однажды, когда я вышел из центрального здания суда, «Дворца Правосудия» в Тегеране, я увидел человека, с которым был хорошо знаком. Это был Саид Ахмед Мусави Хурасани в сопровождении группы телохранителей. Хурасани, низкого роста, крепкий и подвижный мужчина с рыжей бородой, стоял напротив и удивленно смотрел на меня. Я тоже совершенно не ожидал встретить его в суде. Потом он подошел, обнял меня и похлопал по плечу.

— Вы даже не представляете, как долго я вас искал, — сказал он, доброжелательно улыбаясь мне. — Я слышал, вы вернулись в Иран. Почему вы мне не позвонили?

Следует отметить, что Хурасани был представителем иранских студентов Исламской Республики в Париже. Нам не раз приходилось сталкиваться в Париже по разные стороны баррикад — он как представитель иранских властей, а я как активный деятель оппозиции.

Я знал, что Хурасани был верным сторонником Исламской революции, но он был образован, умен и прагматичен и хорошо понимал необходимость сохранения хороших отношений с западными странами. Увидев, что он рад нашей встрече, я понадеялся, что связь с ним может оказаться для меня полезной. Хурасани настоял на том, чтобы я заглянул к нему в офис. Когда я пришел, воспользовавшись приглашением, то сразу понял, что он чрезвычайно влиятельный человек. Он был директором концерна «Лала Парвардин», который включал 14 международных компаний. Статус Хурасани можно было сравнить с министерским, а оборот компаний составлял десятки миллионов долларов. Хурасани не стал терять времени, и после того, как мы сделали первый глоток кофе, он оставил вежливую болтовню и перешел к делу.

— Что вы думаете о должности моего личного юридического советника в концерне?

Я принял его предложение, но параллельно продолжал работать в своей конторе. Хурасани оказался деловым начальником, щедрым по отношению к своим подчиненным.

Постепенно мы сблизились, и я понял, что он тесно сотрудничает со Службой национальной безопасности. Тогда я и узнал, почему власти оказались в отношении меня столь незлопамятны. Оказалось, что на самом деле ситуация была совсем не той, что была представлена официально. В Службе национальной безопасности были существенные разногласия относительно того, как следует вести себя со мной: одни поддерживали меня, а другие считали, что отношение ко мне ошибочно и я представляю серьезную опасность для исламского режима. Тогда же я понял, насколько изощренно действовали офицеры. Они работали очень умно, и даже те, что меня поддерживали, делали это не из любви ко мне, а исключительно из соображений целесообразности. Они утверждали, что Иран предстанет в положительном свете благодаря тому факту, что он простил одного из своих главных врагов и не только не наказал его, но даже отнесся с благосклонным пониманием и терпением. Этот ход укрепил имидж Ирана, который в тот момент был не самым благоприятным. Кроме того, этот шаг мог привлечь и других членов оппозиции, которые должны были понять, что их представление об Иране было ошибочным и они смогут найти для себя достойное место в Исламской Республике, получив все права местных граждан.

Дополнительной выгодой для иранских властей от предоставленного мне помилования был ущерб, нанесенный оппозиции. Возвращение в Иран одного из ведущих и наиболее активных деятелей должно было указать на ее слабость, а это, несомненно, было бы большой победой для Исламской Республики.

Галстук вместо веревки на шее

Я жил богато и с материальной точки зрения ни в чем не нуждался, но при этом терзался, потому что видел, как работает исламский режим. Различные ограничения, начиная с правил ношения одежды и заканчивая тем, в каком автомобиле следует ездить, показывали мне, насколько все плохо. Люди боялись свободно разговаривать, а если и делали это, то лишь тайком и только среди своих. Все друг друга подозревали. Если кто-то проговорился, сказав нечто, противоречащее духу ислама с точки зрения Хомейни, ему приходилось заплатить за это высокую цену.

Мне все время хотелось протестовать. Я знал, что за мной постоянно следят и что попытка связаться с оппозицией, которая, к слову, почти не действовала, подвергнет меня опасности, не говоря уже о том, что в глазах оппозиции я был коллаборационистом. Я решил стать чем-то вроде Дон Кихота, одинокого рыцаря. Сначала я решил проверить, насколько я могу растянуть границы дозволенного и продемонстрировать западную показуху, символ коррупции и разложения с точки зрения ислама. Я продал свою квартиру и купил дорогой «Кадиллак». На этом я не остановился и прикупил еще мотоцикл «Харли-Дэвидсон», который в Иране был запрещен. Так как в прошлом я служил в полиции, то знал, как нужно себя вести, а, как адвокат, понимал, что нужно отвечать. Однажды, когда я сидел в «Кадиллаке» на перекрестке в ожидании красного света, рядом со мной остановился маленький автомобиль, грязный и помятый. В машине сидел шиитский мулла. Он с завистью посмотрел на меня, а затем обратился серьезным голосом.

— Сколько у вас таких «Кадиллаков»?
— Всех цветов, которые мне нравятся, — ответил я.

Еще одной вещью, которая выделяла меня среди других адвокатов, был рояль у меня в кабинете. Я играл на нем обычно какие-нибудь известные мелодии, среди них несколько американских. Я не сомневался, что многим это не нравится, но мне было на это наплевать. При этом я отлично понимал, что мой смертный приговор был не отменен окончательно, а лишь заморожен.

Я продолжал устраивать провокации и однажды явился в суд на встречу с представителем Министерства юстиции в костюме от Пьера Кардена. Работники суда с завистью разглядывали меня. Они были уверены, что представитель Министерства юстиции выгонит меня из своего кабинета, но с удивлением обнаружили, что сторож на воротах открывает мне дверь и пропускает внутрь. Представитель министерства был муллой. Мой внешний вид вызвал у него шок, он не сразу пришел в себя при виде моего шикарного костюма западного покроя, кожаного портфеля и одеколона, но затем пригласил меня присесть рядом с ним, при этом попросив людей, находившихся в тот момент в его кабинете, выйти. Когда мы остались одни, он буквально забросал меня вопросами. Он хотел знать, сколько лет я прожил в эмиграции, когда возвратился в Иран, интересовался вещами личного характера, не имеющими никакого отношения к юридическому вопросу, который мы должны были с ним обсудить. Затем он указал на мой галстук и спросил:

— Вы в курсе того, что несколько лет тому назад в нашей стране прошла Исламская революция?

— Да, мне об этом известно, — ответил я спокойным голосом.

— В таком случае, вам, конечно, известно, как следует одеваться и как в Иране воспринимается ваш стиль одежды, — сказал мой собеседник и нахмурился.

— Галстук — это деталь одежды, которая указывает на культуру, — хладнокровно ответил я.

Я видел, что этот служащий не ожидал от меня такого ответа. Он пытался сдерживаться, но в его голосе появились враждебные нотки.

— Вам стоило бы принимать в расчет ту действительность, в которой вы живете. Может случиться, что кому-то не понравится то, как вы одеваетесь, и на вас могут напасть. В Иране такая одежда символизирует разложение и коррупцию, она противоречит принципам Исламской Республики.

Я очень старался сдерживаться.

— Я верю в закон, который меня защитит, и в иранскую демократию, хотя это и «шиитская демократия», — добавил я, не стараясь скрыть сарказма. — Если кто-то попытается напасть на меня, я буду вынужден защищаться. Я сильный и неплохо владею боевыми искусствами.

Мне хотелось вывести его из себя.

— Вам когда-нибудь приходилось есть лососину?

— Да, конечно, — обрадованно ответил он, — я ее очень люблю!

— А вы видели когда-нибудь, как эта рыба плывет в воде?

Он ответил, что нет.

— Вам следует знать, — улыбнулся я, — что эта рыба всегда плывет только против течения, что бы ни произошло. Именно поэтому она такая вкусная, потому что борьба с течением способствует укреплению мышц, мясо становится упругим.

Теперь мой собеседник понял, к чему я клоню.

— Я похож на эту рыбу, — сказал я и добавил, — я веду себя в соответствии со своими убеждениями.

Было заметно, что мои слова произвели на него должное впечатление. Он приказал своему помощнику принести нам чай, что было совершенно не принято на встречах высокопоставленных государственных служащих с адвокатами. Мы выпили по чашечке и приступили к обсуждению темы, ради которой я к нему пришел. Обычно работа по делу занимает полгода, но на этот раз помощник этого служащего принес необходимые бумаги, тот их немедленно подписал, и дело было закрыто.

Еще один случай, когда я столкнулся с официальным представителем власти, произошел, когда я пришел на встречу с судьей в Министерстве юстиции. С ним я уже сталкивался, когда он сделал мне замечание по поводу моего галстука-бабочки. Он тогда заявил, что в мусульманской стране не принято носить такой галстук. Тогда мне удалось его заговорить, и я закончил все свои дела без проволочек. На этот раз я пришел к нему, хромая на левую ногу, у меня был вывих, и поэтому я опирался на костыль. На эту встречу я вновь пришел в бабочке. Я вошел к нему в кабинет, но он попросил меня подождать в коридоре. Я отказался и заявил, что он обязан принять меня. Он был в шоке от моего поведения и пригрозил, что вызовет полицию. Я нисколько не испугался и заявил, что пожалуюсь на него за то, что он не выполняет свои обязанности должным образом.

Судья пригласил меня сесть. Я поднял костыль и ударил по его столу.

— Я есть я! — крикнул я. — Как я могу защищать права своего клиента, если даже не могу защитить свои собственные?

Я прекрасно сознавал, что такое поведение адвоката по отношению к судье неприемлемо. В то время как происходил этот спор, в коридоре у двери его кабинета ожидали клиенты. Они были свидетелями моего разговора с судьей, и когда я закончил говорить, они назвали меня «Лев». По их мнению, это прозвище свидетельствовало о моей отваге. Судья приказал своему помощнику написать протокол произошедшего и обвинить меня в неуважении к суду и приказал также вызвать полицию и арестовать меня. Все это время я спокойно сидел в кресле. Другие люди, находившиеся в кабинете, вышли. Я вел психологическую войну и хотел показать ему, что не все адвокаты боятся защищать свои права, как он привык. Бывают и исключения. Секретарь писал протокол, судья кипел от негодования, а я сидел, закинув ноги на стол, и просматривал журнал «Тайм», еще один символ загнивающего капитализма с точки зрения ислама. Я был уверен, что мое поведение будет судье хорошим уроком. По выражению лица секретаря я видел, что он на моей стороне.

Затем появилась полиция, и судья приказал им подождать за дверью, пока не будет оформлен протокол. Они вышли, а я продолжал читать свой журнал. Протокол был написан, и судья положил его передо мной.

— Подпишите, — сказал он.

— Не подпишу, — ответил я, взглянув на него, — вы можете добавить в протокол еще одно предложение о том, что адвокат отказался его подписать.

Я думал, что еще минута - и меня уведут в тюрьму. Он вновь взглянул на меня. Я положил журнал на стол. Тогда он попросил своего секретаря выйти из кабинета.

— Что дает вам смелость вести себя таким образом? — удивленно спросил он.

Когда я увидел выражение его лица, я чуть не расхохотался, но, справившись с этим порывом, серьезно произнес:

— Послушайте, Ваша честь, в прошлый раз вы мне сказали, чтобы я не носил галстук, но не сказали, что нельзя также носить бабочку.

Судья посмотрел на меня, недоумевая, и лишь через несколько минут пришел в себя. Я думал, что сейчас он набросится на меня, но к моему удивлению он взял в руки протокол, смял его и бросил в мусорное ведро. Затем он взглянул на меня и сказал:

— Мне нравятся такие, как вы. Я хотел бы видеть побольше адвокатов, которые ведут себя так. Я, конечно, очень сердит на вас, но считаю, что вы очень ценный человек для нашей страны.

После этой стычки мы стали добрыми друзьями. Когда я приходил к нему по какому-нибудь вопросу, он всегда называл меня «Адвокат Лев» и, таким образом, оказывал мне уважение, которого не удостаивались другие адвокаты.

Со временем я почувствовал уверенность в себе и начал думать, что никто меня не тронет. У меня улучшились отношения с клиентами и со старыми еще дореволюционными друзьями. Я даже начал замечать, что люди стали более охотно воспринимать мои идеи. При этом я соблюдал осторожность и был очень разборчив в выборе товарищей. Я очень тщательно проверял людей и выбирал в друзья только самых достойных. Я мог доверять человеку, если видел, что он в состоянии поддержать политическую дискуссию и при этом быть убедительным и искренним. Я все еще не посвящал своих единомышленников в свои секреты, но уже составлял списки людей, которые в будущем могут войти в политическую организацию.

Спустя несколько месяцев я организовал дискуссию, на которую собрал избранных кандидатов. Мы открыто говорили о политике и о своем желании основать тайное общество, которое в будущем будет действовать против Исламской Республики. Моим планам не было суждено осуществиться, так как вскоре после этого мне пришлось вновь покинуть родину. Через много лет после того, как я уехал из Ирана окончательно, я узнал, что некоторые из отобранных мною людей действительно стали борцами против исламского режима.

Хотим — видим, хотим — нет
Работая адвокатом, я познакомился с Мухаммедом Али Хусейни, знаменитым священником, членом комиссии по вопросам смертного приговора в городе Кум. Это случилось благодаря моим связям с Ираджи Таваколи, одним из следователей по делам политических заключенных в тюрьме «Эвин». Мы помогали друг другу в некоторых политических делах. Познакомившись с Мухаммедом поближе, я понял, что под личиной одного из ведущих

религиозных деятелей скрывается коррупционер. Для того чтобы вы поняли, насколько двуличным был этот человек, расскажу одну историю. Ко мне обратился за помощью один молодой человек. Он рассказал мне, что его подруге, которая была замужем за полковником, присудили наказание в виде избиения палками за прелюбодеяние. Через шесть месяцев должна была рассматриваться ее апелляция. У меня не было опыта в таких делах, и я решил поговорить с Мухаммедом. Он посоветовал мне взять за работу два миллиона туманов. Я выразил удивление, почему сумма столь велика, но он объяснил, что миллион туманов предназначен для муллы и для судьи, а второй миллион будет моим гонораром.

Однажды ко мне пришла клиентка, очень красивая женщина. К несчастью, в этот момент Мухаммед был в офисе. Я был потрясен, когда он попросил меня познакомить его с этой женщиной, и просто не мог поверить, что религиозный деятель может так себя вести.

В другой раз ко мне в офис зашли мои друзья. Мы выпивали и весело проводили время, когда вдруг раздался звонок и в двери появился Мухаммед. Ситуация была деликатной, и я не мог ему отказать. Он зашел в офис, но я попросил его подождать немного в вестибюле, в то время как мои друзья, среди которых были и женщины, пели и танцевали. К моему удивлению, Мухаммед попросил разрешения присоединиться к нашей вечеринке. Когда я, будучи в безвыходном положении, представил его своим друзьям, они переполошились, потому что прекрасно знали, какое положение он занимает.

— Не беспокойтесь, — сказал он и на наших глазах снял

с головы тюрбан, — сегодня найдется не так много мест, где вам нальют такой благородный напиток.

Он поговорил с моими друзьями, похвалил меня и сказал, что горд тем, что работает вместе со мной, а перед уходом вообще задал вопрос, от которого я в буквальном смысле открыл рот.

— Вы абсолютно уверены в своих друзьях? Они не доложат о том, что здесь пьют алкогольные напитки и слушают музыку?

Я даже не знал, смеяться мне или плакать. Я похлопал Мухаммеда по плечу и пообещал, что ему не о чем волноваться, потому что я полностью доверяю всем своим товарищам.

Со временем визиты Мухаммеда в мой офис стали частым явлением. Он заходил выпить и покурить опиум. Я, конечно, использовал связь с ним в своих целях, но стоило мне это недешево, ведь в Иране виски и опиум были запрещены, а поэтому были очень дорогими, и их было трудно достать.

Это был уже второй праздник Навруз с тех пор, как я возвратился в Иран. Положение было тяжелым, шла война с Ираком. Тегеран бомбили, несколько ракет разорвались так близко от моего офиса, что здание едва не разрушилось. Несмотря на то, что находиться на улицах было опасно, тем не менее я посещал родственников, как принято в этот праздник. Однажды, когда я возвращался от матери, ракета попала в соседний дом. У мамы случился нервный приступ, она крепко схватила меня за руку и не хотела отпускать. А каждый раз, когда начиналась бомбежка, она начинала дрожать. В Тегеране была обстановка всеобщего страха, и мы тоже поддались ему. Однажды ночью в результате бомбежки погас свет. Я сидел в своем кабинете при свечах в компании друзей. Неожиданно мы услышали, что по улице идет группа молодежи, поет национальный гимн Ирана в честь праздника «Кашук Зани», который по персидскому календарю отмечают в последнюю среду года. Их пение меня воодушевило. Я словно забыл о бомбежке, открыл окно и громко прокричал: «Смерть Хомейни!»

Я был уверен, что молодые люди, певшие гимн, были националистами, выступавшими против исламского режима, и мне захотелось показать им, что я их поддерживаю. Но к моему величайшему удивлению, пение прекратилось, и послышались возмущенные крики и ругательства, обращенные ко мне.

— Смерть тебе и смерть всем, кто противятся революции!

Мои друзья вскочили и захлопнули окно. Они дрожали от страха, потому что прекрасно понимали, что поступок, который я себе позволил, может привести к немедленному смертному приговору. Они боялись, что нас арестуют.

— Зачем ты это сделал?! — спросили они.

— Не мог с собой справиться, — ответил я, пытаясь объяснить им, что сам отвечу за свои поступки. — Давайте помолчим немного, возможно они не найдут нас, — добавил я.

Я потушил свечу. Мы сидели в полной тишине и ждали, что будет дальше. Через несколько минут раздался стук в дверь. Мы затаились, черпая смелость в бутылке коньяка, из которой время от времени отпивали по глотку. Люди за дверью не успокаивались, требовали, чтобы мы открыли дверь и вызвали полицию. Сторож, которого я регулярно прикармливал щедрыми подарками, попытался убедить их, что в такое время в здании никого не может быть, ведь здесь только офисы, но его уговоры не помогли. Приехала полиция. Они вошли в здание и стали проверять кабинет за кабинетом, не пропуская ни одного. Когда полицейские подошли к моему кабинету, они постучали в дверь.

— Именем революционной полиции откройте дверь!

Мы сидели молча и старались ничем не выдать своего присутствия. Подождав и убедившись, что из комнаты не доносится ни звука, полицейские ушли. Я попросил своих товарищей не расходиться до утра, потому что опасался, как бы их не заметили соседи и не доложили в полицию. Если бы это произошло, нам бы не поздоровилось. Мои друзья послушались моего совета и дождались утра, и только после того, как в здание начали прибывать люди, они потихоньку вышли из моего кабинета и разошлись по домам.

С момента моего возвращения в Иран прошел год. За это время мне, как я уже говорил, то и дело приходилось встречаться с работниками Службы национальной безопасности. Они предлагали мне оказать им помощь за рубежом. Как-то, даже хотели убить Ясера Арафата и просили меня собрать необходимую им информацию. Одновременно с этим по странному совпадению мне позвонила моя бывшая жена Гити и спросила, не хочу ли я взять крупного клиента, и я, конечно, согласился. Им оказался мультимиллионер Вахав-Заде, проживавший в Баден-Бадене. Я должен был поехать в Германию и встретиться с его представительницей, госпожой Шахриари. Люди из Службы национальной безопасности воспользовались этой возможностью и дали мне поручение. Мне выдали иранский заграничный паспорт, и я выехал в Германию. Прилетев во Франкфурт, я попросил жену и детей приехать ко мне. Мы провели вместе два дня. Это была одна из наших последних встреч.

Закончив дела, я провел еще несколько дней в Германии, пытаясь собрать информацию об Ясере Арафате, но выяснить ничего не смог. И возвратился в Иран. Тогда я еще не знал, что это станет моим последним приездом на родину.

Под прицелом

Человеком, который по-настоящему, чистосердечно радовался моему возвращению в Иран, был Ахмед Мусави, который верил, что сам факт моего возвращения свидетельствует о том, что я прекратил свою политическую деятельность.

Однажды Мусави вручил мне чек на сумму в 175 миллионов туманов, в то время эта сумма составляла 175 тысяч долларов. Банк не принимал его, и Мусави попросил меня помочь получить по нему деньги. На нем стояла подпись госпожи Робебы Аминиан. Следует помнить, что это был 1988 год, и по тем временам сумма была чрезвычайно высока, и мой гонорар за услуги, соответственно, тоже был высоким. Оказалось, что госпожа Аминиан — женщина с большими связями, пользующаяся покровительством очень влиятельных в Иране людей, таких как аятолла Каруби, председатель избирательной палаты Ирана, Ходжата аль-Аслама Хади Рафари, командующий военной полицией Ирана и многие другие высокопоставленные лица.

Я понял, что задача не из легких и действовать нужно крайне осторожно, но мне очень хотелось успешно справиться с этим поручением и получить обещанный гонорар. Поэтому задействовал свои связи в полиции и суде, и в назначенный день к ней явились судебные приставы. Все сработало четко, в полном соответствии с законом, и ее люди не смогли оказать сопротивление.

Арест госпожи Аминиан вызвал в Иране много шума, и обо мне заговорили. Я заявил председателю суда Мусе Норузи, что состояние госпожи Аминиан составляет 370 миллионов долларов. Она разбогатела благодаря своим связям в иранском правительстве. Я также добавил, что представляю сотни клиентов, которым она должна деньги, но уклоняется от оплаты долгов при помощи своих сильных покровителей. Я попросил вызвать на допрос в качестве свидетелей некоторых их тех людей, которые оказывают покровительство госпоже Аминиан.

Иранские газеты освещали этот крупный процесс, и я открыто и публично сражался с судьей, защищая 1237 своих клиентов в деле миссис Робебы Аминиан. И все же мои требования вызвать для дачи показаний в суде главу шиитского парламента, жену премьер-министра и некоторых других депутатов не были услышаны.

— Вы еще молоды, — сказал мне председатель суда, пожилой уважаемый человек, — будет жаль, если ваша карьера пострадает. Вам нужно успокоиться и действовать хладнокровно. Зачем вам бороться с этими людьми во имя цели, которая этого нисколько не оправдывает?

— Справедливость должна восторжествовать, — ответил я, — завтра я выступлю в суде, представляя интересы многих и многих людей, которым действия госпожи Аминиан нанесли материальный ущерб. Вот почему я настаиваю на том, чтобы люди, защищающие госпожу Аминиан, были вызваны в суд для дачи показаний. Разве можно допустить, чтобы те, у кого обманным путем выманили деньги, не получили право на правосудие?

Судья пытался меня урезонить, но я настаивал на своем. В конечном итоге он заявил, что дело чрезвычайно запутано, и, так как истцов очень много, а ответчики — люди, занимающие высокое положение, необходимо отложить слушание дела.

Я понимал, что происходит, и был возмущен, но ничего не мог поделать. При этом я не был намерен отступать и терпеливо ждать, пока госпожу Аминиан и ее патронов покарает правосудие.

Спустя несколько месяцев, когда я находился в Англии по вопросу евро, мне неожиданно позвонила моя жена Анжела, которая управляла моим офисом. Без всяких вступлений и даже не спросив, как у меня дела, она приступила к главному.

— Тебе нельзя возвращаться в Иран.

Я подумал, что плохо расслышал, что она сказала. В недоумении я смотрел на телефонную трубку, ничего не понимая.

— Почему?

— Нам пишут разные люди, масса анонимных телефонных звонков с угрозами в твой адрес. В письмах они пишут, что ты не должен был требовать вызова кое-кого в суд.

Я понимал, что ситуация накаляется, но тем не менее решил прилететь в Иран. Вернувшись, я попытался связаться с людьми из Службы национальной безопасности, чтобы сообщить им об угрозах. К моему удивлению, мне не удалось с ними связаться, все словно сквозь землю провалились. Я понял, что это намек.

Через несколько дней, когда я находился в своем офисе,

секретарша сообщила мне, что Мухаммад Амин хочет немедленно встретиться. Я удивился, тем более что мы с Мухаммедом не виделись уже очень давно, еще с тех пор как я учил его французскому языку. После этого он отправился во Францию в качестве посла Исламской Республики. Я попросил секретаршу пригласить его, и по выражению его лица сразу понял, что он принес неприятные новости. Он был напряжен и напуган.

— Помнишь, я давал тебе почитать брошюры, изданные Службой национальной безопасности, и просил не разглашать их? — спросил он.

Я кивнул, пытаясь понять, к чему он клонит.

— Ты совершил большую ошибку, показав их тем людям. Кто-то сложил два плюс два и понял, что это я тебе их передал.

Я все еще не понимал, чего он хочет.

— С тех пор прошло много времени, — сказал я.

— Да, много времени прошло, — с горькой улыбкой ответил Мухаммад. — Во Францию я не попал, а вот в тюрьму — да.

Я был потрясен услышанным и выразил Мухаммаду свое сожаление. Он лишь отмахнулся.

— Сделанного не вернешь, — сказал он, — но ты должен понимать, что твое положение намного хуже, чем ты полагаешь.

— Что ты имеешь в виду? — спросил я.

— Робеба Аминиан, — сказал Мухаммад, — помнишь такую? Я твой друг и должен тебя предупредить, что дни твои сочтены. — Мухаммад даже сплюнул на пол в подкрепление своих слов. — Ты должен покинуть Иран прежде, чем высохнет слюна. Мне очень жаль, что в вышестоящих инстанциях не понимают, какой ты ценный человек для этой страны.

Я пытался узнать у него что-нибудь еще, хотел понять, что именно настроило против меня так много влиятельных людей, но Мухаммад лишь сказал, что я должен немедленно покинуть Иран.

— Помни, за тобой будут охотиться и за рубежом, но там, по крайней мере, у тебя будет шанс выжить.

Он пожал мне руку, и мы расстались.

Не успел я еще принять какое-либо решение, как мне стало известно о том, что мой друг - коммунист доктор Али Ноини был убит в Ливане. Теперь у меня не оставалось никаких сомнений. Я понял, что, если мне дорога моя жизнь, необходимо бежать, пока карающий меч не настиг и меня.

Нужно было бежать как можно скорей. Я надеялся, что против меня еще не издан ордер о невыезде. Воспользовавшись тем, что через несколько дней у меня была назначена встреча с представителями индийской нефтяной компании, я заказал авиабилет на Бомбей, сознавая, что при необходимости смогу объяснить этим срочный выезд за границу. С Анжелой я договорился о том, что она приедет ко мне через две недели после меня, и оттуда мы вместе отправимся в Австралию.

18 декабря 1989 года я приехал в тегеранский аэропорт с чемоданом «Самсонайт» и дорожной сумкой. Я без проблем прошел паспортный контроль, и когда шасси самолета оторвались от земли, я вздохнул с облегчением, но на сердце была тяжесть. Я знал, что больше никогда не вернусь на родину и до конца своих дней буду жить в эмиграции.

Глава 4

Круг замыкается на Святой земле

Билет в один конец — из страны кенгуру на Святую землю

Я пробыл в Индии две недели, ведя переговоры с нефтяной компанией. Спустя десять дней ко мне уже присоединилась Анжела, и, покончив с делами, я купил авиабилеты в Австралию, и мы вместе улетели. В Мельбурне приземлились 4 января 1990 года, нас встречали дети Анжелы.

В Австралии мы должны были начать новую жизнь. Новая страна, другой язык, совершенно иная ментальность, при этом наше материальное положение было не очень-то и стабильно. Бегство из Ирана было незапланированным, и я не успел перевести все свои накопления за рубеж. Мы с Анжелой решили представляться мужем и женой, не упоминая тот факт, что наш брак временный. Так мы и сделали, когда подавали заявление на признание нас политическими беженцами.

Мне не давало покоя то, как мне пришлось покинуть Иран, и я решил, несмотря на опасность, связаться с посольством Исламской Республики и выяснить, почему меня вынудили бежать из страны. Я отправился в посольство и попросил о встрече с послом. Мне предложили побеседовать с его советником, господином Аламом Альхуда. Я согласился. Наша встреча заняла несколько часов. Он был очень расстроен и удивлен, услышав мою историю. Я поинтересовался, почему Республика так отнеслась ко мне и меня вынудили бежать с родины, даже попросил его совета о том, как мне следует себя вести в данной ситуации. Он пообещал мне побеседовать с соответствующими органами и передать мне их ответ.

Я постарался донести советнику, что не совершил ничего

противозаконного. Кроме того, я уточнил, должен ли я вторично подавать просьбу в Австралии о признании меня политическим беженцем, ведь я уже был эмигрантом во Франции. Прошло несколько недель, но ответа из иранского посольства так и не поступило. Конечно, я понял намек и подал заявление на признание меня политическим беженцем.

Теперь настал черед бюрократических баталий, где в качестве оружия были бланки, формы и письма. У нас с Анжелой ушло три года на то, чтобы получить статус политических беженцев. Но благодаря ему нам стали начислять небольшое пособие от австралийского правительства, не более нескольких сот долларов в месяц.

С точки зрения политики я был отщепенцем. Иранские эмигранты меня не принимали и видели во мне предателя, который сотрудничал с исламскими властями. Было бессмысленно что-либо им объяснять и оправдывать свои действия.

Учеба и знакомство с христианством

Потихоньку я начал осознавать, что в Австралии проживу остаток своих дней. Я подал заявление на поступление в университет в Мельбурне и параллельно обратился в австралийскую коллегию адвокатов, сообщив, что хочу пройти стажировку и получить лицензию на юридическую деятельность. После нескольких встреч и проверки моих документов мне ответили, что я должен пройти 11 курсов в Мельбурнском университете. Стоимость обучения составляла 18 тысяч долларов. У меня не было таких денег, и поэтому я ввязался в переговоры с коллегией адвокатов и с Министерством эмиграции о том, как можно было бы мне учиться в кредит. К сожалению, такого решения найдено не было.

Однажды я познакомился в университете с молодым человеком по имени Брус Томпсон. Он поинтересовался, как у меня идут дела, и пригласил на чашку кофе. Во время беседы Брус сказал, что может помочь в решении моей проблемы. Он начал обсуждать темы, связанные с религией и духовностью, а также о том, как Иисус Христос спасет мир. Я понятия не имел, о чем он говорит, ведь я практически ничего не знал о христианстве, да и вообще был атеистом. Тем не менее, я повел себя сдержанно, терпеливо слушая его и пытаясь понять, в чем суть. В конце беседы Брус дал мне свою визитную карточку и сказал, что, если мне понадобится его помощь, я могу ему позвонить. Брус мне понравился, и я начал интересоваться, что стоит за его словами. Мне действительно было любопытно, и было такое чувство, что Брус представляет нечто позитивное, которое не может мне ничем навредить, и даже наоборот.

Прошло несколько дней с нашей встречи, и тогда со мной произошло нечто, что оставило глубокий отпечаток в моей душе. Мне приснилось, что я стою на скале и говорю речь в присутствии огромного количества людей. Неподалеку я увидел еще одного человека, который делал то же самое. Я очень удивился, подошел к нему и спросил, кто он. Приветливо взглянув на меня, он ответил, что его зовут Иисус Христос, и тут я почувствовал, что меня невероятно тянет к этому человеку и я ничего не могу с этим поделать. Словно он обнимает меня своим внутренним светом и так передает мне свое тайное знание. Когда я проснулся, я был в полной растерянности. Мне никогда не снилось ничего подобного, и, несмотря на то, что я был убежденным атеистом, очень серьезно отнесся к этому видению. У меня не было ему логичного объяснения, но во мне поселилось чувство, что этот сон имеет для меня определенное значение.

Я решил посетить центр, в котором работал Брус Томпсон, чтобы познакомиться с ним поближе и попытаться получить объяснение своим ощущениям. Он располагался в центре, на территории школы. Подойдя к зданию, я услышал пение под аккомпанемент. Тут же ко мне подошел молодой человек и спросил, чем он может мне помочь. Он представился как Джовани Умберто Бойлагой и поприветствовал меня. Также объяснил, что я пришел в церковь, принадлежащую течению в христианстве, называемому Мельбурнская конфессия Церкви Христа. В отличие от других направлений, у них нет священников, а руководят общиной старейшины, обладающие большим жизненным опытом. Их взаимоотношения строятся на честности, откровенности и открытости как между ними самими, так и по отношению к окружающим. Они не употребляли алкоголь, не курили, не совершали злодеяний и действовали с абсолютной честностью. Я был очарован той чистой и светлой обстановкой, которая там царила, и понял, что правильно поступил, когда решил зайти и взглянуть на их деятельность.

Затем я встретил Бруса Томпсона. Он сам подошел ко мне.

— Я ведь говорил вам, что Иисус сам приведет вас, и так и случилось!

Я улыбнулся и рассказал ему о своем сне. Брус внимательно слушал меня, и глаза его блестели. Он говорил очень восторженно, сказал, что это чудо, знак свыше, который направил меня к правильной вере. Мои отношения с членами общины крепли с каждым днем. Это были особые, чистые люди. Мне было трудно поверить, что в мире, полном коррупции и лжи, все еще встречаются такие. Сблизившись с ними, я многому у них научился. Они читали и Старый, и Новый Заветы, понимали, что я ничего не знаю о христианстве, и были терпеливы со мной, уделяя много времени обучению.

Анжела была поражена произошедшими во мне переменами. Она не могла поверить, что я, ярый атеист, доверился христианской церкви. Иногда я приглашал ее познакомиться с этими людьми, взглянуть на их образ жизни. Анжела была в сомнениях, но старалась сопровождать меня как можно чаще, желая понять, что именно так привлекло меня и заставило приблизиться к чуждым верованиям. После того как она познакомилась с христианством поближе, она сказала, что ей это неинтересно: ее прежний муж был сторонником православия, и на этой почве они часто ссорились. Она предпочитала оставаться мусульманкой.

Я уважал ее позицию, но сам все более углублял свои связи с этой уникальной общиной. Я хотел прочитать Библию на фарси, потому что было множество понятий, которые я не мог уяснить даже при помощи словаря. А мне очень хотелось понять богатство Книги книг, понять христианскую теологию, разобраться в том, какое место в ней занимает Священное Писание.

Спустя некоторое время Анжела приготовила мне сюрприз. Видя, что я все более увлекаюсь христианством, она пригласила к нам домой отца Разамару, представлявшего Англиканскую церковь. Он очень удивился, когда узнал, что я увлекся христианством и хочу прочитать Библию на фарси, и даже пригласил меня в свою церковь, представил меня членам общины, предложил побеседовать с ними, рассказать о своем сне и связях с христианами. В течение нескольких месяцев я был членом двух общин, посвящая этому практически все свое время. Я не ходил на занятия в университет, не занимался юриспруденцией. Все это отошло на второй план, а я интересовался только религиозными учениями. Отец Разамара видел, с каким восторгом я учусь, и однажды, пригласив меня на беседу, сказал, что если всерьез займусь теологией и пройду курс в Мельбурнском университете, то смогу претендовать на сан священника Англиканской церкви и помогать членам иранской общины.

— Богу угодно, чтобы ты помог людям в Австралии, — сказал он.

В течение двух лет я учился в колледже Ридли и одновременно продолжал ходить в две церкви. Но моему другу Брусу и его единомышленникам это не нравилось, и они всячески демонстрировали мне свое недовольство. Их реакция меня злила, потому что я не был готов жить по указке. Наши отношения стали ослабевать, и в конце концов я выбрал Англиканскую церковь.

Столкновения на религиозной почве

В первые месяцы я изучал английский язык и компьютерную грамотность в техническом колледже. В нашей многонациональной группе были, в том числе, палестинцы из Иордании, бородатые, в национальных костюмах. Учительница, молодая женщина, однажды поинтересовалась, как они чувствуют себя в многонациональной Австралии. Палестинцы ответили, что ислам — религия либеральная, позволяющая легко влиться в любое общество. Они продолжали воспевать добродетели ислама, но, когда учительница задавала им конкретные вопросы, они искажали факты. Так, например, на вопрос почему мусульманину разрешается иметь четыре жены, они ответили, что в Коране нет прямого указания на это, поэтому многоженство можно считать лишь национальной традицией. Меня это крайне разозлило, и я не смог сдержаться, категорично пояснив, что такое разрешение четко прописано в Коране. Я даже не поленился и указал номер суры, привел точную цитату. Мои слова вызвали переполох и возмутили палестинцев. Они заявили, что я ошибаюсь. Я же в свою очередь ответил, что являюсь мусульманским адвокатом. Они мне естественно не поверили и не приняли тот факт, что я прекрасно разбираюсь в исламском законодательстве намного лучше, чем они. Я заявил, что на следующее занятие принесу Коран, и тогда все смогут убедиться в том, кто прав. Палестинцы негодовали. Они стали оскорблять меня, называя «монафеком». В исламе таким прозвищем нарекают человека, который стремится внести раздор на религиозной почве. Учительница, которая не понимала, о чем мы говорим, так как разговор велся на арабском языке, попыталась вмешаться в этот разразившийся скандал.

— О чем вы говорите? — спросила она.

Я ей пояснил, в чем они ошибаются, и пообещал, что на следующее занятие принесу Коран, чтобы доказать свою правоту. Палестинцы же продолжали выкрикивать оскорбления в мой адрес. Началась драка, и я, не сдержавшись, ударил одного из них. Они же в ответ стали угрожать, что убьют меня. После того, как они ушли, я указал учительнице на то, что это и есть настоящее лицо ислама.

В иранской общине проводилось множество мероприятий, и я использовал любую возможность покритиковать ислам, в особенности шиитское направление. Мои слова вызывали недовольство у многих. Меня резко осуждали, говорили, что я выступаю против ислама, потому что принял христианство. Хотя, будем честны, были и те, кто понимали, что я защищаю не христианство, а Иран, мою родину, которой навязали ислам мечом и огнем. Я не стеснялся делиться своим мнением с соотечественниками, выходцами из Ирана в Австралии, чем снискал себе дурную славу. К тому же моя репутация еще больше ухудшилась после того, как я перевел на фарси книгу доктора Роберта Мори, преподавателя Принстонского университета, под названием «Исламское иго». Меня ненавидели как сторонники Исламской Республики, так и деятели оппозиции, для которых я был предателем, недостойным уважения и доверия уже потому, что в свое время вернулся в Иран.

На курсе по миссионерству несколько сокурсников работали над проектом, для которого было необходимо взять интервью у имама главной мечети Мельбурна. Они попросили меня, как бывшего мусульманина, помочь им. Я согласился, и они назначили встречу. Один из встретивших нас мужчин был членом той самой палестинской группы, которая училась на курсах английского языка в техническом колледже и вступила когда-то со мной в конфронтацию. Этот палестинец был поражен, увидев меня в мечети.

— «Неверный! Неверный!» — закричал он и убежал.

Студенты, сопровождавшие меня, а также молящиеся в мечети, переполошились. Через несколько минут к нам подошла группа мужчин. Они извинились и сообщили, что имам отменил нашу встречу. Студенты поинтересовались, по какой причине, напомнив, что она была согласована заранее. Я же опасался, что к нам будет применено насилие, и посоветовал срочно вызвать полицию. Они не поняли, зачем нужно это делать, но я настоял. Полицейские подоспели вовремя, и столкновения удалось избежать. А мне пришлось объяснить студентам обстоятельства и свою причастность к такой реакции. Студенты удивились, почему я не рассказывал им о своем прошлом. Я объяснил, что прошло много времени и я не предполагал встретиться в мечети с этими экстремистами.

Со временем моя репутация была испорчена и в христианской общине. Меня стали считать склочником, вокруг которого постоянно возникают конфликты и ссоры. Никакие мои попытки объяснить свои мотивы не имели силы. Мягко скажем, меня никто не хотел слушать, несмотря на ожидаемое христианское терпение. Люди, которые меня критиковали, считали, что я принял христианство не потому, что глубоко верил в его истинность, а лишь потому, что испытываю глубокую неприязнь к исламу. Говорили также, что я спекулирую своей верой для личной и политической выгоды.

«Сатанинские стихи» Салмана Рушди

Во время обучения на курсе теологии я беседовал с различными группами мусульман и христиан, в том числе политиками, членами австралийской оппозиции. Я записывал наши встречи на видео, намереваясь предложить сравнительное исследование о христианстве, шиитском исламе и о будущем Ирана. Также меня интересовало, что думают о шиитском исламе сами иранцы, как те, что живут в Иране, так и эмигранты. Считают ли они, что исламу необходима реформа? При этом одновременно с курсом теологии я учился также на юридическом факультете в Мельбурнском университете, потому что хотел получить вторую степень в Австралии. Кроме того, я писал исследование об истории иранской нефтяной промышленности, обучаясь на курсе международного права и государственных наук в Сиднейском университете. Моим научным руководителем был господин Хозе Рамос Хорте. Мы подружились, а через несколько лет он был назначен президентом Восточного Тимора.

Тогда, в 1993 году, Исламская Республика вновь появилась в заголовках газет, и на этот раз опять при неприятных обстоятельствах — Хомейни приговорил к смертной казни писателя Салмана Рушди, автора книги «Сатанинские стихи». Я решил, что наступил подходящий момент перевести эту книгу на фарси, потому что многие иранцы хотели бы знать, что именно так взбесило Хомейни и побудило его вынести писателю смертный приговор.

Однажды со мной связались люди из Службы национальной безопасности Австралии. Их представитель, господин Кук, сказал, что был бы рад встретиться со мной. Придя в назначенное время и место, я нисколько не удивился, обнаружив с ним еще двух агентов. Господин Кук беседовал со мной, а двое других время от времени вмешивались в наш разговор, задавая вопросы. Среди прочего их интересовало, действительно ли я перевожу книгу «Сатанинские стихи» на фарси. Я ответил, что это так.

— В нашей стране проживают 300 тысяч мусульман, — сказал господин Кук, — и еще сотни миллионов в соседних странах. Вам следует понимать, что ваши действия могут привести к межнациональной розни, создать стране ненужные проблемы.

Они попросили меня не способствовать просветительской деятельности в мечетях, не высказывать публично критику в адрес ислама и оставить книгу, потому что многие, кто пытались переводить ее на различные языки, либо убиты, либо на них было совершено нападение. Я им ответил, что сделаю то, о чем они просят, потому что я не террорист, а политический деятель, действующий в рамках закона, но при этом отметил, что мы живем в демократическом государстве, и потому я не готов принять заявление о том, что книга, которая была официально издана, не может быть переведена на другие языки.

Тем временем я продолжал попытки найти достойную работу, которая соответствовала бы моему образованию. Я переписывался с различными высшими учебными заведениями, но ни от одного из них не получал положительного ответа. Со временем я понял, что университеты смущает моя деятельность, направленная против ислама. Они боятся принять на работу человека, чья работа может привести к конфликтам между различными группами студентов.

Через два месяца после моего визита в Службу национальной безопасности меня вызвали еще на одну встречу и спросили, продолжаю ли я переводить книгу. Я ответил, что да, продолжаю. Они стали задавать мне вопросы о том, какую религию я исповедую, интересовались моими познаниями в области мусульманской теологии. Я вкратце рассказал им о себе, начиная с детства, когда я получил шиитское воспитание, рассказал о том, как стал противником ислама.

Люди из Службы национальной безопасности предложили мне переехать на австралийский остров Тасманию, подальше от крупных городов, и посоветовали продолжить юридическую практику там.

— Вы можете заниматься юриспруденцией, но должны будете прекратить перевод книги «Сатанинские стихи».

Я принял их условия и прекратил перевод книги.

Моя жена Анжела была не в восторге от моей христианской деятельности, не говоря уже о деятельности, направленныой против мусульман. Наше «изгнание» ее очень тяготило. Мы переехали на Тасманию, где я продолжил учебу на степень магистра на теологическом факультете Тихоокеанского университета, кроме того, я изучал международное право в Университете Хобарта. Моя жизнь в Тасмании была тихой и размеренной. Я поддерживал связь с христианской церковью, а также у меня сложились прекрасные отношения с местной бахайской общиной.

Когда я учился в Университете Хобарта, в Австралию приехал с визитом министр сельского хозяйства Исламской Республики Муса Калантри, для того чтобы подписать договор о закупке овец на 500 миллионов долларов. Поскольку я был хорошо знаком с исламским режимом, то подумал, что торговая сделка между правительством Австралии и Исламской Республикой позволяет ему оцснить политическую деятельность иранских эмигрантов в Австралии. В 1993-1994 годах на пятом континенте проживало порядка 22 тысяч иранцев, и лишь немногие сохраняли какую-либо активность против исламского режима. Австралия была тихой страной с политической точки зрения, большинство ее жителей вели спокойный и размеренный образ жизни.

Я знал, что до сих пор находился у исламских властей во главе списка политических противников. Австралийские власти также знали о моем прошлом, ведь я подавал прошение о получении политического убежища. Мне было очевидно, что на местное правительство будут давить, чтобы меня либо выгнали из страны, либо ограничили мою деятельность, но шло время, а я не замечал никаких попыток оказать на меня давление. Я почувствовал себя немного увереннее и наконец успокоился. Оказалось, что напрасно.

Спустя одиннадцать месяцев жизни в Тасмании, вдалеке от политической жизни, я получил грант от университета на исследование в области международного права. Для этого я должен был провести восемь недель в Еврейском университете в Иерусалиме. Темой работы был сравнительный анализ западной судебной системы, принятой в Австралии, и судебной системы шиитского ислама. После некоторой бюрократической процедуры мне выдали австралийский международный проездной документ, и параллельно я получил студенческую визу в израильском посольстве и приглашение от Еврейского университета.

20 ноября 1994 года я попрощался с Анжелой и впервые в жизни полетел в Израиль. Тогда я еще очень мало знал об этой стране, и, сказать по правде, поездка была для меня не более чем транзитной остановкой на пути в США, где я должен был встретиться со своими родственниками. Отправляясь в Иерусалим, я вооружился рекомендательным письмом от Тасманской церкви, адресованным Англиканской церкви в Иерусалиме, которая называется Собор св. Георгия.

Иерусалим — столица столиц

Я прибыл в Израиль 24 ноября 1994 года. Уже через несколько часов после приземления я отправился в Иерусалим в Англиканскую церковь. Мне предоставили жилье в общежитии Собора св. Георгия., и в течение последующих восьми недель я занимался исследованием, работая в Еврейском университете в Иерусалиме и в Тель-Авивском университете.

По окончании работы я написал в американское и французское посольства и запросил въездные визы, но мне отказали, заявив, что для этого срок действия моего заграничного паспорта должен быть не менее полугода. Мне пришлось обратиться в австралийское консульство и попросить продления моего паспорта. Там мне сказали зайти через неделю. Затем еще через неделю, и еще. Спустя месяц с небольшим я поинтересовался, в чем причина такой задержки. Объяснил, что у меня закончились деньги и что больше не имею возможности здесь оставаться. Как эмигрант из Ирана, перешедший в христианство и получивший сан, я оказался в сложной ситуации и не смог бы оставаться в Израиле на столь длительный срок еще и потому, что, с учетом моего политического прошлого, здешние власти могут в любой момент объявить меня угрозой для национальной безопасности и выдворить из страны.

Прошло еще несколько недель, и я получил долгожданное письмо из австралийского посольства в Израиле. Ответ меня потряс. Мне заявляли, что я представляю опасность для Австралии. Конечно, я был вне себя от злости. Письмо было грубейшим нарушением австралийского законодательства.

Как специалист по международному праву, я прекрасно понимал, что полномочиями на подобные заявления обладает исключительно исполнительная власть, причем только заручившись соответствующим решением суда. Я отправил возмущенный ответ начальнику отдела эмиграции Австралии в Афинах, в котором объяснил, что полученное мной письмо является незаконным, и попросил его помочь. Он отписался, что действует исключительно по инструкции, полученной от австралийских властей. Он также добавил, что Служба национальной безопасности Австралии отказывается дать согласие на мое возвращение на континент.

Я ушел из австралийского посольства в Тель-Авиве в полном отчаянии. Я не знал, что мне делать дальше. Теперь я был беженцем из иностранного государства, без документов, которые могли бы предоставить мне какую-либо защиту, я полностью зависел от доброй воли израильских властей и при этом я не знал никого, кто мог бы помочь мне в этой ситуации. Тем временем мой долг общежитию возрастал, и мне было нечем его погасить. Выхода не было, и я позвонил сестре в Германию и попросил ее прислать мне денег. Оплатив эту задолженность, я также вынужден был обратиться к брату, который проживал в США, с просьбой прислать мне средств на жизнь.

Должен признать, я был в ужасе и чувствовал себя совершенно беспомощным. Я боялся писать израильским властям, потому что даже не представлял себе, как они на это отреагируют. Тогда я решил зайти в офис ООН, расположенный рядом с университетом Гиват-Рам. Оставил там заявление, в котором изложил свою ситуацию и просьбу подсказать, что мне делать дальше. Ведь австралийское посольство отобрало у меня политическое убежище, и теперь я был гражданином мира.

В офисе ООН не знали, как им быть с моим случаем, и сказали, что понадобится время, чтобы навести справки и проверить, что можно для меня сделать. К счастью, я встретил там госпожу Зану Герман, она была замужем за президентом Еврейского университета, послом Израиля в ООН. Она побеседовала со мной, внимательно выслушала историю, которую я ей поведал, и решила попытаться помочь мне, после чего написала письма австралийским властям через посольство в Израиле. Она также связалась с европейскими странами, в которых у меня был шанс получить политическое убежище.

Тем временем я связался со своей женой Анжелой и объяснил ей, каково мое положение. Она не могла приехать в Израиль, но очень волновалась за меня. Мой брат и сестры пытались всячески помочь мне, но все, что было в их силах, — это материальная поддержка, не более. За этот период мне уже пришлось на собственном опыте прочувствовать, как различаются западный и восточный Иерусалим. Мне было неудобно продолжать жить на востоке, и я обратился к госпоже Зане Герман с просьбой помочь мне в двух вопросах: переехать в западную часть города и найти работу. И она действительно стала моим ангелом-спасителем: представила меня Международному христианскому посольству, и после нескольких встреч и телефонных разговоров, в марте 1995 года, мне назначили встречу с отцом Яном Виланом ван дер Хофеном. Он и его семья были приближенными к королевской семье Голландии, а у него самого были хорошие отношения с Биньямином Нетаниягу. Я зашел к нему в офис, который находился рядом с Международным христианским посольством. Отец ван дер Хофен внимательно выслушал мою историю, а когда я закончил свой рассказ, встал, обнял меня и даже прослезился.

— Сам Бог послал вас ко мне, — сказал он, немного успокоившись, потому что я уже много лет ищу бывшего мусульманина, принявшего христианство, который мог бы помочь нам в одном исследовании.

Он дал мне ключ от квартиры в Рехавии.

— Теперь это ваш дом, — сказал он.

Кроме этого, он дал мне чек на сумму в 1800 долларов - деньги за работу, которую я должен был выполнить.

— Вы проведете сравнительный анализ исламской и христианской теологии, — сказал он, довольно улыбнувшись.

Я приступил к исследованию, которое заказало Международное христианское посольство. В какой-то момент я еще поговорил с отцом ван дер Хофеном о своем статусе в Израиле, после чего он познакомил меня с Биньямином Нетаниях, и тот пообещал сделать все, что в его силах, чтобы помочь мне. В тот период он впервые баллотировался на пост премьер-министра Израиля.

Тем временем Анжела все еще предпринимала попытки убедить австралийские власти, что они ошибаются на мой счет, а я попытался связаться с ними и подал иск о возмещении морального ущерба на сумму в миллион австралийских долларов. Адвокат, взявшийся за мое дело, потребовал гонорар в размере 25 тысяч. Ни у меня, ни у моей семьи не было таких денег. Все мои попытки заставить австралийские власти изменить свое решение потерпели неудачу.

Время шло, и я все больше привязывался к Израилю.

Несмотря на трудности адаптации и различия в менталитете, я чувствовал себя очень комфортно в этой удивительной стране. Я работал и учился, но «австралийский микроб» все равно не давал мне покоя. Было очень тяжело принять ту хладнокровную черствость, с которой отнеслись ко мне в Австралии.

Я пытался привыкнуть к своей израильской жизни, но в тоже время не прекращал переписку с австралийскими властями. Все пытался убедить их в том, что принятое по моему делу решение ошибочно, и хотел также получить денежную компенсацию за ущерб, который был мне нанесен. Отправлял письмо за письмом, но в итоге это ни к чему не привело. Я не испытывал ни малейшей ностальгии по Австралии, но мне все еще больно было вспоминать о том, как они со мной поступили.

С тех пор, как я прибыл в Израиль, прошло несколько месяцев. Однажды один знакомый журналист по имени Джордж Катев рассказал мне, что 10 июля 1995 года в Иерусалим приедет австралийский министр иностранных дел и остановится в гостинице «Царь Давид». Джордж также сказал, что, если я приду в гостиницу, возможно, мне удастся поговорить с ним о моем деле.

Я очень обрадовался, что мне предоставляется такая замечательная возможность. Пришел на место ранним утром и через некоторое время действительно увидел министра иностранных дел и его свиту, входящих в холл гостиницы. Они собирались встретиться с Эхудом Ольмертом, который в тот момент занимал пост мэра Иерусалима. Мне удалось проникнуть в зал, где проходила эта встреча. Еще до того, как они приступили к совещанию, я обратился к министру иностранных дел и попросил разрешения задать ему вопрос. Он решил, что я отношусь к людям Ольмерта, но я сказал ему, что это не так. В нескольких предложениях я объяснил, кто я такой и почему пришел в гостиницу. Министр был удивлен. Он попросил меня написать все, что я хочу ему сообщить. Я достал из кармана готовое письмо и передал ему. Я отметил, что мой вопрос не терпит отлагательств и что я не хотел бы доводить дело до иска против правительства Австралии. После этой беседы я ушел из гостиницы. Через несколько недель пришел от него ответ, в котором было сказано, что министр намерен серьезно разобраться в моем вопросе, но при этом передаст его на рассмотрение Министерству эмиграции.

Иранская община в Израиле

Я работал над исследованием, заказанным Международным христианским посольством. В свободное время пытался найти выходцев из Ирана в Израиле и вскоре понял, что это достаточно просто. Я разыскал женщину, бывшую гражданку Ирана, по имени Насир. Мы с ней встретились, и я рассказал о себе. Ее растрогала моя история, и она пригласила меня на ужин с ее семьей.

Когда я пришел к ним домой, меня ожидал приятный сюрприз. Они пригласили и других иранцев, таких как доктор Рахмани и его жена, а также ныне покойного господина Хомайуна Амири с супругой. Эти люди стали моими лучшими друзьями в Израиле. Я много рассказывал им о себе, о том, как я оказался в Израиле. Я ничего не скрывал, говорил о своих убеждениях, о том, что мечтаю свергнуть исламский режим в Иране. Присутствовавшие на этой встрече были потрясены моим рассказом. Они посоветовали мне дать интервью Менаше Амиру на радио «Коль Исраэль» и сказали, что будет очень важно, чтобы живущие в Израиле выходцы из Ирана послушали меня.

Через несколько недель после этого я действительно дал большое подробное интервью Менаше Амиру, во время которого я говорил о своей личной истории, рассказывал о политической деятельности. Меня услышали многие выходцы из Ирана, и им было очень интересно узнать о моих взглядах в отношении того, что происходит там сейчас. Тем не менее, я чувствовал, что большинство из них стараются держаться со мной осторожно. С уважением, но без полного доверия. Некоторые даже думали, что я многое выдумал и не следует слишком доверять моим рассказам. Но было много и таких, кто поверил в меня и оказал существенную поддержку. Среди этих людей я хотел бы особо отметить Йоси Сивана, главу иранской общины в Израиле.

Меня звали на многие мероприятия как почетного гостя. Однажды даже пригласили в синагогу выходцев из Ирана в Холоне прочитать лекцию о национальном иранском поэте Фирдоуси. Я предположил, что все о нем прекрасно знают, много слышали или читали, и поэтому сократил свою лекцию до десяти минут. Я говорил о его жизни, о национализме, который особо ярко проявился в его классическом произведении «Книга Царей». Я объяснил, как это произведение демонстрирует иранский национализм и любовь к своему народу. В тот раз я впервые выступал с речью перед публикой в Израиле. Я сопоставил две истории — Давид и Голиаф и «Книга Царей», и слушателям это пришлось по душе.

Я тесно сотрудничал с такими культурными организациями, как «Движение за сохранение еврейско-персидской культуры» и группа Нила Ахтияра «Голубая звезда».

Постепенно у меня создалась хорошая репутация среди выходцев из Ирана в Израиле. Они поняли, что я от чистого сердца хочу помочь своей родине, как в культурном, так и в политическом плане.

Господин Альберт Азари, который на протяжении 30 лет был директором радиостанции «Коль Исраэль», встретился со мной несколько раз, и я произвел на него хорошее впечатление. Он предложил мне познакомиться с его братом, Меиром Азари, который был первым израильским послом в Иране. Их отец, Цион Азари, был основателем иранского движения «Ге-Халуц». Во время совместной встречи Меир предложил мне должность редактора журнала, который он основал,— «Новая Восточная Звезда». Я обрадовался, и мы подписали договор. После того как вышел в свет первый выпуск, он остался им очень доволен и попросил меня также стать редактором его автобиографии.

Во время одной из наших с ним встреч встал вопрос моего гражданства. Я хотел заручиться его поддержкой. Чтобы сделать запрос на постоянное проживание, мне нужны были серьезные люди, которые могли бы меня рекомендовать. Но вскоре я прекратил договор, так как у нас с Меиром Азари возникли некоторые разногласия, главным образом финансового характера.

Тем временем я представлял статьи, фильмы и различные материалы, авторами которых были иранцы, проживающие как в самом Иране, так и за рубежом. Сам писал рассказы и пьесы, консультировал многих деятелей искусства. Старался поддерживать тесные отношения с различными изданиями и знакомить их с иранской общиной. Я делал все, что было в моих силах ради блага иранской общины в Израиле, которую считал неотъемлемой частью иранского народа. Разумеется, я работал в основном в культурной сфере, но и политическую деятельность окончательно не забросил. Мне было важно, чтобы иранская община в Израиле понимала, что происходит в Иране. Поэтому я объяснял им, насколько важно, чтобы они также выразили критику в адрес властей, разрушающих культуру их родины, из-за которых им пришлось покинуть Иран. Эта деятельность укрепила мою репутацию в общине, но одновременно и вызвала зависть. Не называя имен, я вынужден признать, что было немало попыток очернить мое имя.

Иранская община состояла из богатых и образованных людей, но при этом они плохо разбирались в вопросах имиджа, и поэтому мало что делалось для укрепления репутации иранцев в Израиле. Я приложил немало усилий для того, чтобы исправить эту ситуацию. Старался убедить их, что необходимо привлекать прессу, электронные средства информации к деятельности общины. Как мог, поощрял деятельность по укреплению связей с другими общинами в мире, и не только с общинами выходцев из Ирана. Я делал все это с любовью, с желанием помочь, но нередко мне приходилось сталкиваться с препятствиями, которые воздвигали лидеры общин, поскольку далеко не все они были уверены в чистоте моих намерений.

Община выходцев из Ирана в Израиле особая, ее нельзя сравнивать с другими организациями иранских эмигрантов. Если в других странах они держатся обособленно, сохраняют свою культуру и не вливаются в культурную и общественную жизнь тех стран, в которых они созданы, то израильская община выходцев из Ирана полностью и во всех отношениях слилась с израильским обществом во всем, что касается самосознания.

Хочу отметить, что хорошие связи с общиной выходцев из Ирана во многом помогли мне добиться успеха в Израиле.

Контакты с академическим миром Израиля

В процессе работы над исследованием, которое я проводил, у меня была возможность познакомиться со многими профессорами различных факультетов Еврейского и Тель-Авивского университетов. Но никто из них не оказал на меня такого влияния, как профессор Моше Маоз из Института Трумана. У меня было немало споров идеологического характера с учеными, например, с профессором Хавой Лазарус. Также я встречался с ныне покойным профессором Сорором Соруди, с профессором Амноном Нецером, которого также уже нет в живых, с профессором Давидом Менашери. Все они были выходцами из Ирана. В долгих беседах я убеждал, что ислам в Иране умирает и близится день, когда иранская молодежь свергнет исламский режим и запретит эту религию в своей стране. Они не принимали мои доводы, отвергали их, несмотря на то, что все трое были специалистами в иранской политологии, международных отношениях и персидской литературе. Такие ученые, как Шакед, Фридман Лайш и многие другие, были замечательными специалистами и очень помогли мне в моем исследовании.

Настал момент выбрать тему для научного исследования, которым я должен был заняться во время учебы в университете. Тогда мне на помощь пришел профессор Моше Маоз. Он посоветовал мне заняться сравнительным анализом еврейского, мусульманского и западного законодательства. Во многом благодаря профессору Маозу я очень полюбил Израиль и иудаизм, именно он побудил меня заняться изучением еврейской культуры.

В академических кругах я познакомился с профессором

Моше Шароном. Мы часто подолгу беседовали об исламе. На многие вещи мы смотрели одинаково, но при этом и спорили нередко. Профессор Шарон очень интересовался бахайской религией и попросил меня достать ему книги о ней. Я легко выполнил его просьбу, так как был близко знаком с членами бахайской общины, они и помогли мне достать эти книги в Америке и в Европе.

Чем дальше я продвигался в своем исследовании для Христианского посольства, тем сильнее крепло во мне желание остаться в Израиле. При этом я, конечно, не забывал, что без заграничного паспорта или других документов просто не могу покинуть Израиль. У меня не было выбора, и ничего не оставалось, как приложить все силы для того, чтобы приспособиться к этой стране. Я понимал, что, прежде всего, необходимо овладеть ивритом, хотя большинство жителей Израиля вполне сносно говорят на английском. Я записался на языковые курсы в Бейт Ха-ам в Иерусалиме. Очень скоро выяснилось, что все мои знания иностранных языков нисколько не помогают мне освоить иврит. Меня это угнетало, но, тем не менее, я решил не отступать и поставил перед собой цель заговорить на приемлемом уровне, даже если на это уйдет очень много времени. Я до сих пор не владею ивритом на том уровне, которого мне бы хотелось, но я уже неплохо понимаю, о чем говорят мои собеседники, и верю, что со временем буду хорошо говорить на этом языке.

Мне очень хотелось начать читать лекции в Еврейском и Тель-Авивском университетах. Для этого я неоднократно встречался с профессорами Нецер, Менашери и Маоз. Они обещали, что как только я получу удостоверение жителя страны или гражданство, они предложат мне ставку на факультете иранских наук.

Я обратился в Министерство внутренних дел и подал просьбу о предоставлении мне статуса постоянного жителя Израиля. В первый раз они продлили мне визу на полгода, но университету этого было мало. Тогда я попытался связаться с коллегией адвокатов, чтобы получить лицензию на юридическую практику. Я знал, что для того, чтобы работать в Израиле адвокатом, не обязательно иметь гражданство, и надеялся, если у меня будет разрешение на работу по специальности, это поможет мне с другими документами. Мои друзья, главным образом в Христианском посольстве, сомневались в том, что мне удастся получить гражданство. Прошло несколько месяцев, и Министерство просвещения и коллегия адвокатов утвердили мою академическую степень. Благодаря многолетней адвокатской практике, мне разрешили начать стажировку еще до окончания девяти курсов, включая изучение иврита, которые я должен был пройти на юридическом факультете.

В 1998 году я начал стажировку у адвоката Зели Йоффе, отец которого был одним из строителей Большой Иерусалимской Синагоги. Я с огромным удовольствием сотрудничал с его компанией в течение года, а затем возвратился на курсы иврита, чтобы подготовиться к экзаменам коллегии адвокатов. Особые усилия я приложил, чтобы подготовиться к первому экзамену, который все иностранцы должны были проходить на иврите. Только после этого я планировал приступить к тестам по различным областям права. Первые два экзамена я провалил, но третий прошел с успехом.

Экзамен на знание иврита проводился каждые три месяца,

а после того, как я его сдал, я был готов пройти девять тем по специальности. На подготовку к каждой из них у меня было полгода. Но уже на первом экзамене я сдал пять из девяти тем. Вопросы были на иврите. Я мог отвечать на английском или французском языке, но не на фарси. К сожалению, мои ответы на английском языке не соответствовали вопросам на иврите. Я сдавал тесты 17 раз. Мне понадобилось шесть с половиной лет, чтобы пройти экзамены коллегии адвокатов, и в итоге, в 2002 году, я все же получил столь долгожданную лицензию. Многие мои коллеги видели, как я раз за разом прихожу сдавать экзамены, и лишь качали головой.

— Опять ты?

Они советовали мне бросить эту затею, но я ничего не хотел слышать. Всю свою жизнь я привык стремиться к успеху, я должен был стать самым лучшим, в особенности в том, что касалось учебы. В моем словаре не было слова «проиграть».

Став адвокатом со степенью в международном праве, я в основном занимался клиентами, чьи иски рассматривались за пределами Израиля.

Тяготы жизни и долгожданный успех

Международное христианское посольство поддерживало меня материально на протяжении четырех с половиной лет, но затем у них возникли финансовые трудности, и они прекратили выплачивать мне зарплату. Мне вновь пришлось искать работу. Я отправлял свое резюме в различные колледжи, университеты, частные компании, ходил на интервью, делал все возможное, но в течение длительного промежутка времени так и не мог устроиться. В первую очередь, потому, что у меня не было гражданства или какого-либо официального статуса в Израиле. Многие люди, такие как Давид Менашери из Тель-Авивского университета, Моше Шарон из Еврейского университета, Амнон Нецер из Еврейского университета и другие, были очень заинтересованы в сотрудничестве со мной, но ничем не могли помочь, пока не были решены формальности с моим статусом.

Адвокатские конторы и частные коммерческие компании проявляли ко мне интерес, но их отпугивал мой возраст, а также то, что я плохо владел ивритом. Я проводил долгие часы в очередях в бюро трудоустройства, заполнял бесконечные формы, но все напрасно.

Помог мне тогда профессор Давид Йерушалми, добрый знакомый из Тель-Авивского университета. Я проговорился ему, что ищу работу, и он познакомил меня с доктором Зеевом Магеном, университетским преподавателем, который искал для себя лично преподавателя фарси и персидской литературы. Впервые мы встретились в начале 1997 года. Я начал обучать его языку, литературе, учил его понимать иранский менталитет, старался передать ему свои знания. Доктор Маген начал направлять ко мне и других студентов, которые хотели изучать фарси, и это стало моим основным заработком. Кроме того, я занимался переводами с французского и фарси на английский язык. Мне выпала честь перевести книгу египетского писателя Нагиба Махфуза, лауреата нобелевской премии по литературе, «Арабские ночи».

Община выходцев из Шираза в Израиле заказала мне книгу об истории и культуре еврейской общины на родине. Исследование на 800 страниц заняло у меня полтора года, оно включало обзор истории Ирана и отдельно еврейской общины Ирана с особым акцентом на организации выходцев из Шираза в мире.

Я перевел и отредактировал воспоминания Наимы Тфилин-Менашери «Возлюби ближнего своего, как самого себя» (Ваикра 19:18). Она попросила меня издать ее книгу на фарси, английском и французском языках, но из-за материальных трудностей нам удалось закончить только версию на фарси. Даже для публикации книги на фарси у меня не было достаточно средств, и я попросил представителя «Всемирной организации братства и дружбы», Фридс Портер, которую мы пригласили в Тель-Авивский университет, помочь нам. Она согласилась и дала нам на издание книги 7000 долларов.

Кроме того, в 1998 году мне довелось работать над делом Резы Джабари вместе с адвокатом Авигдором Фельдманом. Реза тогда сидел в израильской тюрьме за то, что, как стюард компании «Иранские Авиалинии», похитил самолет со 128 пассажирами, перелетел на нем из Тегерана в Киш через Ирак и Иорданию и приземлился в Эйлате. Ицхак Рабин, который был в тот период премьер-министром Израиля, разрешил ему приземлиться на побережье Красного моря, потому что в самолете закончилось горючее и иранским пассажирам угрожала серьезная опасность. Джабари просидел в тюрьме восемь лет, а затем получил статус политического беженца. Я предоставлял ему услуги переводчика и советника. Г-жа Неима Тфилин-Менашери, кандидат на пост мэра города Офаким, чьи мемуары я записал, представила меня Резе во время его пребывания в тюрьме. И я сделал все, что только мог, защищая его. Для меня он был не террористом, а просто гражданином, боровшимся с шиитским режимом, и я старался изо всех сил, пытаясь убедить в этом израильских чиновников.

Также я написал и отредактировал воспоминания Меира Азари, который был первым послом Израиля в Иране, параллельно давая частные уроки французского и английского языков. Проблема была в том, что у меня не было постоянной зарплаты, которой можно оплачивать счета и ипотеку, я перебивался подработками и поэтому нуждался в деньгах.

Прекрасно осознавая, что так или иначе мне нужен стабильный доход, я поступил на работу ночным сторожем, охранял различные здания. Преимущество такой занятости заключалось в том, что она позволяла мне продолжать исследовательскую деятельность, редактировать, переводить во время работы.

Это были нелегкие годы, но я был абсолютно уверен в том, что мои навыки и профессиональные знания, которые я накопил за всю свою жизнь, в конце концов приведут меня к достатку, так и произошло. В 2000 году мы с моей третьей женой Мариной переехали из Бейт а-Керема в собственную квартиру в центре Иерусалима.

Марина, муза моей жизни

В первые месяцы жизни в Израиле, в начале 1995 года, я учился на курсах иврита Бейт а-Ам в Иерусалиме. Спустя несколько месяцев после поступления директор курсов Рути сообщила мне, занятому только учебой, что планируется экскурсия на Голанские высоты. Я не мог поехать, потому что у меня были другие планы, но через несколько дней после того, как отказался, все поменялась, и, раз уж освободилось время, решил съездить на экскурсию и познакомиться с «другим» Израилем. Однако оказалось, что все билеты распроданы. Марина в тот момент находилась возле секретариата и, услышав, что мне отказали в билете, предложила мне свой.

— Здравствуйте, — сказала она, мило улыбнувшись, — меня зовут Марина. Возьмите, пожалуйста, — сказала она и протянула билет.

Теперь я обратил на нее внимание. Передо мной стояла очаровательная блондинка. Мы разговорились. Я поблагодарил ее за билет и в знак признательности пригласил послушать концерт Мендельсона. Она согласилась, и с этого начались наши отношения. Тогда я даже представить не мог, как они будут развиваться.

Мы стали встречаться, и однажды после посещения Музея Израиля Марина сказала, что должна мне кое в чем признаться. Я хотел спросить, в чем именно, но она будто прочитала мои мысли.

— Когда я впервые увидела тебя, то была поражена. Почувствовала, что мы уже когда-то встречались. Даже рассказала об этом своей дочери, пытаясь понять, как такое возможно. И к моему величайшему удивлению она помогла мне разгадать эту головоломку. Она спросила, помню ли я картину, которую она нарисовала, когда мы жили еще в Москве. Я ответила, что, конечно же, не могла ее забыть, и тут же схватилась за голову. Понимаешь, — поясняла Марина, — через некоторое время после развода дочь сказала мне, что хочет братика. Я же объяснила ей, что это невозможно, потому что прежде мне необходимо выйти замуж. Однако она продолжала настаивать, и тогда я предложила ей описать мужчину, которого она хотела бы видеть рядом со мной.

Оказалось, что дочь Марины нарисовала портрет, который был очень похож на меня.

— Теперь ты понимаешь, — сказала Марина, — почему ты показался мне знакомым?

И тут же добавила:

— Когда я тебя увидела, то сразу почувствовала, что нам суждено быть вместе.

Наши отношения становились все серьезней, но меня мучили угрызения совести. Я все еще был женат на Анжеле, и мне было тяжело лгать самому себе и любить другую женщину.

Марина понимала, что я обеспокоен, и проявляла ко мне чуткость и понимание.

— Не бойся, — говорила она, — проси Бога, чтобы он указал тебе путь и сказал, что нужно делать.

Спустя время, увидев, что я все еще терзаюсь, Марина предложила пожениться. Для меня это было неожиданным, потому что у иранцев не принято, чтобы инициатива в таком деле исходила от женщины. Но, поразмыслив, я понял, что мне следует оставить эти предрассудки. Я понимал, что она сказала это, потому что любит меня и хочет решить проблему.

Я очень хотел связать себя узами брака с Мариной по всем правилам, но прежде было необходимо развестись с Анжелой. Я не был готов к полигамии, тем более многие мои коллеги знали, что в силу обстоятельств моя жена живет в Австралии. Я поговорил с Мариной, честно рассказал ей о своей ситуации и объяснил всю тяжесть положения. Она отнеслась с пониманием, и то, как я себя повел, вызвало у нее уважение. Я даже почувствовал, что от этого ее любовь ко мне только укрепилась.

Через несколько месяцев я познакомил Марину со своим духовным наставником, отцом ван дер Хофеном. Я поговорил с ним откровенно и попросил его помочь мне выйти из этой запутанной ситуации. Отец Хофен посоветовал мне прекратить связь с Мариной, потому что я несу моральную ответственность перед своей законной женой Анжелой.

— Вы сможете жениться на Марине только после того, как ваша жена даст согласие на развод, — сказал он.

Я сообщил Марине, что до того момента, как получу официальную бумагу о разводе с Анжелой, не смогу с ней видеться, как бы я этого ни хотел. Марина была потрясена, ей показалось это чрезмерным. Она считала, что мы, по крайней мере, могли бы встречаться, но я настаивал на своем. Мы не виделись, хоть и продолжали подолгу общаться по телефону.

Тем временем я предпринимал все необходимые действия для получения развода. Я отправил Анжеле письмо, в котором честно объяснил ей ситуацию. К моей радости, она восприняла мое желание с пониманием и не противилась. Вскоре отправила мне документы, подписанные судом, по которым наш брак считается расторгнутым.

Я признаю, что до сих пор испытываю чувство

благодарности к Анжеле за то, как достойно она повела себя в этой ситуации и помогла мне.

Теперь, когда я получил необходимые документы, то мог с чистой совестью возобновить отношения с Мариной. В 1995 году мы отправили наши документы в Уругвай через тель-авивского адвоката, чтобы заключить гражданский брак. Прошло еще несколько лет до того момента, как он был признан действительным и законным. Несомненно, Марина — самый большой подарок, которым Бог наградил меня в Израиле. За многие годы совместной жизни мы ни разу не поссорились. Наши отношения строятся на взаимном уважении, терпимости и, самое главное — на большой всепобеждающей любви. Марина — свет моей жизни, и я пользуюсь любой возможностью сказать ей об этом и поблагодарить за все, что она для меня сделала. Она — настоящая муза, которая постоянно побуждает меня развивать свои таланты в самых разных областях. Она — моя опора. Благодаря ей Израиль стал мне домом. Она заменила мне всю мою семью, по которой я очень скучаю: — отца, мать, братьев, друзей. Для меня она — весь мир. Она была всегда рядом — в радости и в печали, которой, к сожалению, было очень много в первые годы жизни в Израиле.

Я хотел бы немного рассказать о Марине. Она родилась и выросла на родине коммунизма, в России. Отец был генералом Советской армии, мать — учительницей. Марина приехала в Израиль как туристка в 1993 году, но особое чувство, которое возникло у нее к Святой земле, побудило ее остаться. Путь Марины в Израиле был нелегок, в том числе и из-за трудностей, связанных с доказательством ее еврейства. Только после того, как она представила главному раввинату письмо от московского раввината, в котором было указано, что ее мать еврейка, она смогла получить израильское гражданство. Марина очень гордится им, она настоящая сионистка и благодарна судьбе за то, что она привела ее в эту страну. Ее чувство передалось и мне, еще более укрепив мою связь с этой замечательной страной.

Марина была хорошей, преданной дочерью. Когда заболела ее мать, она ухаживала за ней как никто другой. А после ее смерти заботилась об отце, старалась, как могла, облегчить его страдания. Она не оставляла его даже несмотря на то, что ее детские воспоминания о нем были не самые радужные.

Кроме того, Марина — замечательная мать. В первые годы в Израиле ей пришлось пережить серьезные материальные трудности, но это ее не остановило. Она устроилась уборщицей, работала по 15 часов в сутки, чтобы обеспечить дочь всем необходимым. При этом она нашла время и прошла курсы архитекторов, чтобы получить израильскую лицензию. По этой специальности она 20 лет работала в России.

Высокая стена под названием «МВД»

Более десяти лет я провел во Франции, а затем пять лет был политическим беженцем в Австралии. Работал юридическим консультантом для многих беженцев, которые хотели получить политическое убежище, особенно для выходцев из Ирана. Благодаря этому я хорошо понимал проблемы иранской общины в вопросах эмиграции в различных странах мира. И был абсолютно уверен, что мой обширный опыт поможет мне разрешить ситуацию, в которой оказался. Но от израильской бюрократии при этом получил грубую пощечину. Если бы мне тогда сказали, что пройдет десять лет до того момента, когда я зарегистрирую израильское гражданство, я бы не поверил. Но с фактами не поспоришь. Во Франции я получил статус постоянного жителя за четыре года. В Австралии мне пришлось ждать этого три с половиной года, но Израиль превзошел обе эти страны вместе взятые.

Этот долгий путь начался в 1995 году, когда я впервые пришел в Министерство внутренних дел, где мне продлили визу. С тех пор я был вынужден приходить за этим сотни раз. В большинстве случаев со мной обращались крайне пренебрежительно и безразлично, что, конечно, невероятно раздражало. Я с трудом сдерживался, понимая, что завишу от милости служащих и их начальства. От меня требовали, чтобы я приносил семейные фотографии с Мариной, другие доказательства своей жизни здесь. Когда же я предоставил им все, о чем просили, они все равно ко мне относились с подозрением и недоверием. Ситуация достигла апогея, когда мы с Мариной пришли по приглашению в Министерство внутренних дел, а нас развели по комнатам и каждого подробно допросили, чтобы сравнить версии.

Нам задавали вопросы, которые не имели никакого смысла: что мы ели вчера на ужин, и даже был такой нескромный вопрос, как когда мы в последний раз занимались любовью. Марина была рассержена и после допроса рассказала мне, что контролер даже не постеснялась сказать ей, что в Израиле достаточно кошерных евреев и она могла бы выбрать себе мужа среди них.

Некоторые выходцы из Ирана содействовали мне в попытках получить статус временного жителя, и за это я им очень благодарен. Особо мне помогла Наама Тфилин, которая баллотировалась тогда на пост мэра города Офаким. Она беседовала с разными людьми — с раввином Даханом и министром внутренних дел, писала рекомендательные письма, в которых всячески меня расхваливала.

Надо признать, что в какой-то момент, когда борьба с министерством затянулась, я почти сдался. Были моменты, когда я хотел все бросить и уехать из Израиля, но Марина поддерживала меня. Она помогала мне, была рядом и все время повторяла, что в конце концов у нас все получится. И действительно, настал долгожданный день, и в августе 2005 года я получил израильское гражданство и заграничный паспорт.

Гиюр

Когда я принял решение пройти процедуру обращения в иудаизм (гиюр), я даже не мог предположить, с какими препятствиями мне придется столкнуться. Прошло довольно много времени, пока я понял, что жизнь в

Израиле сопровождается особыми проблемами культурного характера, часть которых происходит по религиозным причинам, а другая — по национальным. Для меня было большой неожиданностью обнаружить, что еврейское население состоит из множества диаспор, что усложнило и чрезвычайно запутало процесс гиюра. Но не будем забегать вперед.

Я мог бы оставаться гражданином Израиля, исповедующим христианство, таких достаточно много в этой стране, но я решил, что это не мой путь. Со временем, когда я стал привыкать и приспосабливаться к жизни в Израиле, то почувствовал, что непременно хочу обратиться в иудейскую веру. Мой жизненный опыт, в том числе переход в христианство, подсказывал мне, что я не случайно оказался на Святой земле, в Израиле. Существует некая сила, Бог, который един как для иудаизма, так и для христианства. Я был близко знаком с исламом и христианством, а теперь уже и с иудаизмом, и я нисколько не сомневался, что именно эта религия наиболее соответствует моим жизненным принципам, моему мировоззрению. И еще один фактор оказал влияние на мое решение — знакомство с удивительной историей еврейского народа. Я знал, что после разрушения Второго Храма страна была уничтожена, и этот народ, несмотря на все невзгоды, которые ему пришлось пережить, в особенности в годы Катастрофы европейского еврейства, нашел в себе силы восстать из пепла и, вопреки всему, построить замечательное государство. При этом оно вынуждено находиться в постоянной борьбе с враждебно настроенными мусульманскими соседями, которые только и мечтают, чтобы стереть его с лица земли.

Когда во мне созрело окончательное решение пройти гиюр, я написал письмо ныне покойному Шимону Ханасаву, лидеру иранской общины в Израиле, и объяснил, почему хочу стать евреем. Он ответил, что это не проблема. Но даже спустя несколько месяцев никаких практических шагов не было предпринято, и мне, к большому сожалению, пришлось обратиться к другим людям. Я поговорил со своим товарищем Йоси Сиваном, который был одним из видных деятелей иранской общины в Иерусалиме. Он и госпожа Поран Фарзам порекомендовали обратиться к раввину Гордону, который был ответственным за гиюр в американском ортодоксальном раввинате в Иерусалиме. Я встретился с ним в начале 1997 года и по его просьбе предоставил ряд документов, чтобы он убедился в серьезности моих намерений. В итоге только в сентябре 1999 года меня вместе с моей женой Мариной впервые пригласили предстать перед комиссией из пяти раввинов для предварительной беседы перед началом курса подготовки к гиюру.

Мне задавали непростые вопросы. Каким образом мусульманин, ставший атеистом, а затем принявший христианство, захотел стать евреем. Они говорили, что это указывает на мою нестабильность и несерьезность. Я объяснил им, какие изменения происходили в моей жизни, говорил, что не получу никакой личной выгоды от того, что стану евреем. В конце концов, они услышали меня, убедились в моей искренности и позволили мне пройти курс.

Я начал заниматься на курсах, учился два раза в неделю в течение 14 месяцев. По окончании получив справку от американского раввината, я сразу же подал заявление в главный раввинат Израиля о признании меня евреем и в

2001 году начал проходить процедуру гиюра. Мы с Мариной подверглись тщательной проверке, к нам домой много раз приходили контролеры, которые хотели убедиться в том, что мы соблюдаем кашрут и шабат. Они попросили нас представить рекомендательные письма от друзей, естественно — еврейских семей, в которых будет указано, как мы себя ведем. Среди тех, кто нас рекомендовали, были Хомиян Ибрагими, Эдуард Коэн, Давид Герман, доктор Цви Стоун, раввин Шапиро, раввин Рубин, раввин Шломовиц, раввин Марвис, раввин Хайслер и его супруга, доктор Зеэв Маген, Буки и Арнольд Фридман и еще много других хороших и уважаемых людей. Я успешно сдал экзамены, но на этом история не закончилась, и предстояло преодолеть еще ряд препятствий, которые возникли на моем пути в главный раввинат.

Мы ждали разрешения. Через полтора года раввин Мамо, который был ответственным за наше дело, пригласил Марину на встречу и попросил ее представить свидетельство о разводе «гет» с ее прежним мужем. Марина сказала, что наш с ней брак признан Министерством внутренних дел. Она пояснила, что развелась 17 лет назад, и не знает, сможет ли достать такой документ, но раввин Мамо настаивал на своем требовании. Я не знал, что мне делать, и попросил Марину придумать какое-нибудь решение. В итоге она отправила в Москву своего знакомого, чтобы тот убедил ее бывшего мужа, что ей необходимо получить «гет» из московского раввината. Процесс занял несколько месяцев и потребовал немало затрат и хлопот, но все-таки Марина принесла свидетельство раввину Мамо. Мы надеялись, что на этот раз я наконец-то получу разрешение.

Прошло некоторое время, но ответа мы не получали. Я начал отчаиваться, писал письма в раввинат, спрашивал, почему задерживается решение по моему вопросу. Наконец меня пригласили на встречу с раввином Мамо. Он извинился передо мной и совершенно спокойным голосом, вызвавшим у меня возмущение, сказал, что мое дело утеряно и теперь мне придется пройти всю процедуру с самого начала. Я с трудом сдержался, чтобы не броситься на него и не разорвать в клочья. После всех наших мытарств у этого человека хватало наглости просить, чтобы мы прошли весь путь заново. Проблема заключалась в том, что Марина верила раввину Мамо и отдала ему оригинал своего «гета». И возможности снова обратиться к своему бывшему мужу не было. Я был ужасно рассержен и не хотел ничего рассказывать жене.

Не зная, как быть, я решил посоветоваться с Давидом Германом, который молился вместе со мной в синагоге в Бейт Ха-Кереме и с годами стал мне добрым другом. Я спросил его, что мне делать дальше. Он обратился к раввину Шапиро, тот позвонил раввину Мамо, а затем сказал, чтобы я пошел к ответственному по вопросам гиюра. Все это не помогло, и мне опять повторили, что ничего не поделаешь и придется пройти всю процедуру заново. Я не выдержал, сорвал с головы кипу, бросил ее на пол и сказал, что еврейство в сердце человека, а не на голове, и что я больше еврей, чем он. Рассерженно хлопнул дверью.

Через некоторое время после этого происшествия мне пообещали, что выпишут справку сразу же после выдачи израильского гражданства. В тот день, когда я его наконец получил, по рекомендации раввина Рахими зашел в раввинат и подал копии всех документов, пояснив, что они ранее потеряли мое дело, и попросил позвонить мне, когда оно найдется. Я до сих пор не знаю, что произошло, но никто со мной так и не связался.

С самого первого дня, когда только заинтересовался гиюром, я был полон любви к Израилю и иудаизму. Я очень хотел понять этот народ, в чем его уникальность, а у меня было с чем сравнивать, ведь я много скитался по миру.

Чем больше я углублялся в историю еврейского народа, тем больше меня тянуло к нему. Теперь я понимал, почему в течение двух тысяч лет, с тех пор как еврейский народ был изгнан со своей земли, евреи прилагали огромные усилия, чтобы сохранить свою культуру, язык и религию. Только благодаря приверженности традициям им удалось сохранить себя и избежать ассимиляции. Культура послужила той базой, которая, в итоге, создала предпосылки для возвращения еврейского народа на свою землю и установления государства. Действительно, меня очень взволновала история возобновления еврейского поселения на Земле Израильской. Строителям этого поселения хватило разума, упрямства, настойчивости, упорства и готовности приносить жертвы и в то же время прагматизма, чтобы развивать поселение, и из положения небольшой страны, находящейся под британским мандатом, создать еврейское государство, получившее международное признание, и всего за 60 лет прийти к достижениям, которых не знала история человечества. Я думаю, в мире нет других столь молодых государств, готовых похвастать достижениями, которых добилось государство Израиль в столь короткий срок.

Я и в юности относился к Израилю положительно, но разве можно сравнить те мои чувства, которые происходили скорей из презрения к Насеру и его политике, с любовью, наполняющей меня теперь. Ведь она возникла благодаря близкому знакомству с израильской действительностью и изучению истории еврейского народа. Я почувствовал, что сам отношусь к этому народу, и, по правде сказать, в полной мере не могу объяснить, как это произошло. Кроме религиозного аспекта, я был просто очарован этой страной, плюрализмом, свободой выбора и, в особенности, той взаимной поддержкой, которая особо проявилась в период борьбы за освобождение Гилада Шалита. Это чувство глубоко поразило меня, и я не мог себе этого объяснить. Казалось, с моей души сошло несколько слоев, и открылась моя истинная сущность, и она была еврейской. Только потом, когда я уже получил гражданство, мне неожиданно открылся секрет этой загадки.

Глава 5

Незаживающие раны и взгляд в будущее

Тоска по детям

С тех пор как я оставил своих детей в 1986 году, они не могли мне этого простить, а когда я развелся с их матерью, разрыв между нами только усугубился. В 2001 году французские власти разрешили мне въехать в страну и встретиться с моей первой женой, сыном и дочерью. Я очень скучал по детям и мечтал их увидеть, и вот я приехал к ним в Париж.

Во время этой встречи я был с ними максимально откровенен, рассказал, почему действовал именно таким образом и что заставило меня уехать. Я признался, что знаю, какую боль причинила им разлука, просил их понять, что действовал не ради собственного блага, а из чувства патриотизма, как иранец, который посвятил всю свою жизнь непрекращаемой борьбе за свержение исламского режима в Иране. Должен признать, во время нашей встречи они не приняли моих пояснений и выразили недовольство тем, что я живу в Израиле. Даже потом, когда я открыл им, что стал евреем, они не поняли мотивов, подтолкнувших меня к этому.

Когда я объяснял сыну свои поступки, он ничего не хотел слышать и отвергал любую попытку с моей стороны сблизиться с ним. Он слышал мои слова, но ничего не хотел воспринимать, и, несмотря на то, что мне от этого было очень больно, я, в свою очередь, мог его понять. Особенно меня ранили его слова о том, что он не считает себя иранцем и не верит в иранский национализм, как я. Из уважения к нему я смирился, хотя и не разделял его мнение. Пейман же, к сожалению, предпочел вообще не общаться со мной.

Мои попытки найти путь к сердцу дочери оказались успешней. Наши отношения не стали близкими, как мне бы этого хотелось, но сам факт, что хоть какое-то общение восстановилось, очень обрадовал меня, и я надеюсь, что со временем наша связь будет только укрепляться.

Пользуясь этой возможностью, я хочу поблагодарить свою первую жену Гити. Должен признать, что между нами было немало разногласий, в особенности на почве политики. Тем не менее, она преданно заботилась о детях и прекрасно их воспитала. Мой сын стал врачом, а дочь пошла по моим стопам. Она — адвокат, специализирующийся на международном праве.

Я пригласил их посетить Израиль, уверял, что им это будет интересно, но они отказались.

В конце нашей встречи моя бывшая жена спросила, смогу ли я оказать Пейману материальную помощь, потому что в данный момент он проходит стажировку и хотел бы уделить больше внимания учебе. Я пообещал сделать все, что в моих силах, чтобы помочь ему. Возвратившись в Израиль, я взял ссуду 25 тысяч шекелей и отправил эти деньги Пейману. Это ввело меня в огромные финансовые затруднения. Я не смог своевременно возвратить банку долг, поэтому мы с Мариной оказались в неприятной ситуации. Дело дошло до того, что против нас открыли дело у судебного пристава, арестовали все наше имущество. Марине пришлось продать свою квартиру в Москве, а мне занять деньги у отца ван дер Хофена. Должен с прискорбием отметить, что мой сын по-прежнему не готов поддерживать со мной отношения, и он, конечно, ничего не знал о тех трудностях, которые мне пришлось пережить, чтобы достать для него деньги. Впрочем, я сомневаюсь, что это изменило бы его отношение ко мне. Тем не менее, считаю, что поступил правильно.

Я должен признать, что совершал немало ошибок. А именно, не всегда ставил интересы семьи выше интересов Ирана. Но я поступал так, потому что был уверен, что смогу что-то изменить. К сожалению, на политическом уровне моя деятельность не привела к желаемым результатам — Иран и по сей день находится под исламским игом.

Слова признания и прощения

Прежде чем рассказать вам о своей мечте в отношении ирано-израильских связей, я хочу высказать мнение по поводу веры. Религиозные изменения, которые произошли в моей жизни, весь мой накопленный опыт и полученное образование привели меня к выводу, что истинная вера основывается на откровенности, на чистоте помыслов и честных поступках, на нравственности и заботе о ближнем. Каждый человек, поведение которого продиктовано этими принципами, исповедует правильную религию, и абсолютно не важно, что он для себя выбрал — ислам, христианство или иудаизм.

Я уверен, что нам пора перестать усложнять жизнь и научиться прощать людям, которые причинили нам зло. Мы должны всегда быть благодарными за самые незначительные вещи и не обвинять людей, которые оступились. Мы — не присяжные, суд в руках высших сил, и не стоит пытаться на него повлиять, тем более что любое вмешательство с нашей стороны все равно обречено на провал. Раскаиваюсь и прошу прощения у всех, кому я нанес ущерб. Оглядываясь сегодня на свое прошлое, я понимаю, что все, что делал в своей жизни, было продиктовано моим предназначением в этом мире и проложило тот путь, который в итоге привел меня в Израиль.

Я прощаю всем тем, кто преследовал меня от имени Исламской Республики и пытался убить. Сегодня уже очевидно, что они делали это, потому что были слепцами и ими умело манипулировали.

И я не сержусь на людей из академического мира, которые

давали мне обещания устроить на работу в университеты и не сдержали их. Мне жаль, что до сих пор удалось найти лишь частичное применение моим знаниям и навыкам. У меня нет сомнений, что я мог бы принести большую пользу Израилю и международным организациям.

Я прощаю всем, кто, сознательно или по наивности, пытался остановить меня или неправильно истолковывал мои поступки. Должен признать, что были времена, когда я не так легко отпускал обиды, но с тех пор я сделал выводы и научился по-другому относиться к людям.

Взгляд в будущее

Я верю, что каждый человек обладает возможностью оказать сопротивление сложным и чрезвычайным обстоятельствам своей жизни, как маленькое одинокое дерево в пустыне, которому приходится бороться с ураганами и бурями. Покинув родину за два года до революции, больше 33-х лет я провел в изгнании, издали занимаясь политикой и участвуя в различных операциях против Исламской Республики. Вот уже 17 лет я живу в Израиле и пользуюсь любой возможностью связаться с десятками тысяч иранских эмигрантов, которые разделяют мое стремление к свержению исламского режима в Иране. Я свято верю в то, что рано или поздно он падет. При этом хотелось бы надеяться, что тот, который придет ему на смену, будет кардинально отличаться своим отношением к Израилю, хотя это и маловероятно.

«Зеленое движение» и «Муджахидин Халк» часто представляются оппозицией исламскому режиму, но на деле они очень далеки от этого определения. Члены «Зеленого движения» — шииты, выступающие против Израиля, а движение «Муджахидин Халк» состоит из религиозных мусульман и коммунистов, а идеология как одних, так и других далека от базисов национальной культуры Ирана. Оба эти движения объединяет их неприятие демократии и равенства, и уже этим их деятельность противоречит принципам иранского наследия — свободе вероисповедания и равенству.

Вся 33-летняя история исламской революции ярко показала 30 миллионам иранцев, живущих как в самом Иране, так и за рубежом, истинное лицо шиитского ислама. Отрицание Катастрофы европейского еврейства, стремление уничтожить Израиль, нарушение прав человека и режим, который самыми жестокими методами подавляет любое проявление свободы, — все это красноречиво демонстрирует, к чему ведет эта религия: установлению наводящего ужас режима везде, где только ступит его нога, и насаждению законов «железного кулака». Жалость, милость, милосердие и сочувствие не входят в лексикон шиитского ислама.

Есть среди иранских шиитов те, что считают себя «просвещенными». Они утверждают, что нынешний режим в Иране искажает представление об истинной шиитской вере. Я считаю, что они глубоко заблуждаются и просто не желают признать очевидное. Достаточно взглянуть на другие страны, где правит шиитский режим, и все сразу же становится на свои места, поскольку нынешний Иран мало чем отличается от них.

Шиитская литература во все времена, и в особенности та, что написана после мусульманского захвата Ирана, однозначно доказывает, что Ахмединежад и его соратники — верные шииты, действующие в полном соответствии с заветами основателя шиитской веры. Отрубания рук и ног, публичные избиения, забивания камнями и казни — не что иное, как часть этой культуры. Любые средства хороши для насаждения экстремистского режима. Шиитская идеология должна подвергнуться кардинальной реформе и прийти в соответствие с современным прогрессивным миром. Это возможно и без какого-либо нарушения истинных ценностей здравомыслящего ислама, но проблема в том, что нынешние лидеры оппозиции отказываются прикоснуться к такой опасной теме, как религия. Они боятся спровоцировать религиозный конфликт.

Я утверждаю, что ради свободы необходимо провести реформу. Без основательной перестройки шиитской идеологии существует опасность, что этот режим будет возрожден и все ужасы правления Хомейни возвратятся в Иран.

«Всемирная организация братства и дружбы» предлагает свое решение — приравнять статус шиитских священников к государственным чиновникам. Следует отменить привилегии, которыми одарили себя имамы, присосавшись к народу, как пиявки. Молодое поколение в Иране не желает продолжать их кормить. Мы верим, что без всеобъемлющей реформы шиитской идеологии свобода, демократия и плюрализм просто невозможны.

Более 75 миллионов иранцев должны понять, что шиитское течение в исламе ущербно по своей сути, потому что его богословы обладают исключительными полномочиями судить и выносить приговор, причем не только в вопросах религии, но и во всех остальных сферах жизни. Их приговор окончательный и обжалованию не подлежит. Такая централизованная власть самой своей сутью исключает любую возможность существования у иранских граждан каких-либо прав. Ими обладают лишь приближенные к власть имущим.

Когда-то Персидская империя основывалась на свободе вероисповедания. Этот принцип лежал в основе ее мощи, и сегодня он должен быть возрожден. Все исповедующие не ислам должны получить полную свободу, только потому, что они являются гражданами Ирана.

Кроме того, будущая конституция Ирана должна исключить понятия «большинство» и «меньшинство». Сам факт использования этих понятий приводит к дискриминации. Единственной обязанностью граждан государства, независимо от религии и вероисповедания, является лояльность к государству и соблюдение его законов. Открытый либеральный демократический режим приведет к этому, и все от этого только выиграют, за исключением консервативно настроенных слоев населения.

Тот, кто захочет учиться, чтобы получить сан аятоллы, должен будет, помимо теологии, пройти академический курс в университете. Цель такого требования заключается в том, чтобы священники получили общее образование, научились руководить обществом в соответствии с общечеловеческими принципами, а не с теми, по которым массам навязывается их мнение.

Любая религия — это послание Бога к людям, и все они — его дети. У людей, исповедующих основные религии, у евреев или христиан, есть один Бог, и он един. И поэтому все религиозные люди должны уважать друг друга. Нет религии, которая была бы выше другой. И свобода вероисповедания должна служить базой, на которой строится прогрессивное иранское общество. В новом Иране нет места отсталому экстремистскому исламу. Почти 1400 лет Иран находился под шиитским игом. Те, кто осмеливался противиться ему, были казнены. И теперь, спустя некоторое время, многие иранцы считают, что со времен создания Ирана шиитская вера была его неотъемлемой частью, но это не так.

Следует предоставить каждому иранцу право верить в то, что он посчитает правильным, более того — следует дать ему право вернуться к его истинной культуре. Почему иранцы должны жить по мусульманскому календарю, если существует древний иранский календарь? Почему нужно молиться на арабском языке, когда национальный язык в Иране — фарси?

Я считаю, что среди иранских шиитов есть люди, которые не приемлют поступки власть имущей секты, вскормленной экстремистской шиитской верой. У меня нет сомнений, что они убеждены в том, что настоящий ислам несет в себе позитивное начало, в отличие от радикальных направлений, и стремится к содружеству между различными религиями, направленному на совершенствование этого мира.

Мирное решение

В 1990 году, после того, как в моем религиозном мировоззрении произошли изменения, я присоединился к «Всемирной организации братства и дружбы» (PLIM), члены которой считают, что в Иране необходим не военный, а культурный переворот. Для того чтобы это произошло, необходимо найти метод, который опирается не на военные силы, а на просвещение.

Шах Реза (Пехлеви — ред.), властвовавший в период с 1925 по 1941 год, хотел добиться в Иране существенных перемен. Он начал процесс индустриализации, изменил систему, уменьшил полномочия шиитских лидеров и предоставил права женщинам. Он впервые основал в Иране университеты и систему законодательства и судопроизводства, которые действовали отдельно от шиитских священников. Он также позаботился об улучшении транспортной системы в Иране, построил железные дороги, соединившие удаленные друг от друга районы страны. Эти действия создали базу для построения нового общества в Иране. При всех своих позитивных шагах, шах зачастую действовал чрезвычайно агрессивно, невольно вызвав недовольство среди многочисленных групп.

История учит нас тому, что именно нетерпимость и беспричинная агрессия зародили в Иране начало недовольства, которое и привело к власти исламский режим. Отсюда можно сделать вывод, что качественное образование и терпеливое отношение к широким массам — это и есть ключ к созданию нового общества. Мы все просто обязаны взяться за руки. На всех уровнях общества — от различных этнических групп до религиозных меньшинств, ведь общего между нами гораздо больше, чем различий. Все хотят лучшей жизни для будущих поколений. Мы должны понимать, что наша цель — улучшить состояние нашего народа во всех аспектах и вести его к светлому будущему.

Почти шесть миллионов иранцев, живущих вдали от родины из-за экстремистского религиозного режима, который им не по душе, ничем не отличаются от тех, кто остался в стране лишь потому, что у них не было выбора. За пределами Ирана некоторые эмигранты и беженцы добились серьезного успеха. И я ничуть не сомневаюсь, что многие из них хотели бы возвратиться на родину, но при условии, что иранское общество изменится и перейдет на путь мира и терпимости, а также выберет прогрессивно мыслящее правительство. Все эти эмигранты могли бы принести Ирану огромную пользу во всех областях жизни, они могли бы помочь стране встать на путь развития.

Мы от всего сердца хотим Ирану добра, но абсолютно уверены, что любое применение силы приведет к отрицательным результатам и цепочка «смерть — месть» не разорвется никогда. Мы убеждены, что следует действовать гуманными методами и прекратить кровавую резню.

Когда существующая реальность изменится, суды будут карать многих, но они будут не вправе выносить смертный приговор. Система станет проявлять терпимость, чтобы люди поняли, что им имеет смысл сотрудничать с ней. Медленно, постепенно люди осознают, что новый режим построен на принципах человеколюбия, в отличие от того, что существует в настоящее время, направленного на угнетение, принуждение и насилие.

Чтобы привести к существенным изменениям в Иране, наша организация выбирает исключительно ненасильственные методы. Мы инициируем гигантский марш, который будет призывать к миру, прекращению террора и дискриминации в Иране. Идея не нова, в свое время она удачно была опробована Махатмой Ганди в Индии. Наш проект называется «Тысячи бдительных», в рамках него иранцы, которые хотят спасти свою страну, объединятся в Мюнхене и оттуда пройдут плечом к плечу до самого Ирана. По нашим подсчетам, шествие займет не менее полугода. Поскольку проект развивается уже давно, то на сегодняшний день в нем уже участвуют многие лидеры оппозиции, интеллектуалы, журналисты, ученые, прекрасные люди из всех слоев иранского народа и не только. Ассоциация стремится привлечь активистов, исповедующих разные религии, из всех социальных групп, людей различного мировоззрения, чтобы вместе пройти этот национальный марш.

Когда возникнет новое правительство, его главными целями будут восстановление дружественных отношений с западом, отказ от террора и развитие сотрудничества, которое будет выгодно всем. Несмотря на все наши планы и огромное желание провести эту акцию, мы понимаем, что некоторые страны, расположенные между Германией и Ираном и сотрудничающие с Исламской Республикой, не захотят позволить нам шествовать по своей территории. Мы надеемся, что с помощью различных некоммерческих организаций, которые мы основываем в рамках ООН, и, наладив дипломатические отношения с различными структурами, нам удастся убедить лидеров этих стран, что будет разумно позволить нам провести столь важную акцию. Количество участников марша будет расти в геометрической прогрессии на каждой остановке, таким образом, в конце пути наша мирная армия соберет уже десятки тысяч последователей.

Акция будет широко освещаться в прессе, транслироваться по телевизионным каналам во всем мире. Чем дальше будут продвигаться наши сторонники, тем больший интерес вызовут и тем позитивнее и полнее СМИ донесут цели марширующих. В конце концов, эта акция заставит западные страны изменить свою политику и понять, что они ошибаются, поддерживая связь с исламским режимом.

Мы приняли в расчет реакцию иранских властей относительно этого шествия. Очевидно, что они предпримут шаги, чтобы не дать нам осуществить свой план и задушить его еще в зародыше. Поэтому, мы предполагаем, что руководителям проекта придется уйти в подполье. Но чем больше власти будут стараться, тем сильнее укрепятся позиции иранской оппозиции. Попытки исламских властей заполучить ядерное оружие лишь ухудшат их положение, потому что мир поймет, какую опасность будет тогда представлять Иран, причем она нависнет не только над Израилем, но и над всем миром. Это приведет к ослаблению режима, и мнение мирового сообщества станет склоняться в нашу пользу. Исламская Республика будет изолирована от остального мира, и чем дальше, тем больше будет углубляться этот разрыв. Эта акция будет совершена без единого выстрела. Мы хотим бороться со столицей всемирного террора мудро, мирным путем.

Беседуя с выходцами из Ирана, живущими по всему миру,

я слышал различные мнения по поводу нашей акции. Многие считают, что она сможет объединить оппозицию и убедить иранцев сотрудничать во имя освобождения Ирана. Но были и те, что критиковали эту идею, считая ее нереальной.

Я и мои друзья считаем, что проект следует осуществить, потому что результаты, которых мы достигнем, вызовут волну интереса к проблеме по всему миру. Нас вдохновляет Михаил Горбачев, который осмелился пошатнуть власть большевиков спустя 70 лет ее существования. Мы считаем, что в Иране можно добиться тех же результатов, но понимаем, что нам понадобится финансирование и специалисты, которые помогут нам организовать акцию. Люди захотят принять в ней участие, если поверят нам, и поэтому мы должны доказать серьезность наших намерений.

Мы убеждены, что в теории наша идея верна, но нам необходимо обратить ее в дело и действовать при этом прагматично, только тогда наш проект наберет силу и приведет к результатам, на которые мы рассчитываем.

В заключение хочу отметить, что считаю этот проект самым лучшим способом прекратить террористический режим, представляющий опасность для всего мира, и тогда в Иране начнутся перемены, о которых я так мечтаю.

Глава 6

Знай, откуда ты пришел

Тонкий намек

Однажды утром в мае 2003 года я проснулся и к своему ужасу обнаружил, что не могу пошевелить левой ногой. Она окаменела и посинела. За несколько дней до этого она у меня болела, и я, как человек, который терпеть не может, когда что-то ограничивает его свободу, подумал, что вероятней всего это отголоски моей старой раны. Я позанимался гимнастикой и думал, что проблема решилась.

Марина очень разволновалась, когда увидела, в каком я состоянии. Я попытался успокоить ее. Мы поехали в поликлинику, а оттуда в больницу «Шаарей Цедек». После долгих ожиданий меня осмотрел молодой врач и сказал, что проблема в нервных окончаниях в спине. Он выписал мне какие-то таблетки и отправил домой, но состояние не улучшилось, а даже наоборот. Марина позвонила невропатологу, другу нашей семьи, он осмотрел меня и срочно направил в больницу «Хадаса Эйн Карем» на операцию.

— Проблема не в нервной системе, — сказал он, — у тебя тромб в ноге.

Меня срочно доставили в больницу, где я пролежал две недели.

Признаюсь, у меня до сих пор остались чрезвычайно неприятные воспоминания о больнице «Хадаса Эй Карем». Уже выздоровев, я узнал, как врач напугал Марину, сообщив по секрету, что у меня рак крови. Марина была в ужасе, потому что думала, что я скоро умру. Она старалась вести себя так, будто ничего не случилось, не хотела мне ничего говорить, но когда оставалась одна, то заливалась слезами.

Через три дня после того, как я лег в больницу, пришли

результаты моих анализов, и оказалось, что это действительно тромб. Почему он появился? Врачи не могли ответить на мой вопрос. Они сказали, что, если он доберется до мозга или сердца, я умру. В течение девяти месяцев я дважды в день вынужден был принимать лекарства для разжижения крови.

Два профессора, профессор Идельсон из «Шаарей Цедек» и профессор Уорен из больницы «Хадаса Эйн Карем», поставили мне диагноз талассемия, пояснив, что этой болезнью обычно страдают евреи, выходцы с Ближнего Востока. Мы с Мариной очень удивились, потому что никто из врачей не знал, что я родился шиитом.

Это не Муса, это Моше

В 2007 году нас с Мариной пригласили на свадьбу моего брата Джозефа в Америку. Он женился на американке. Марина, к сожалению, не смогла поехать вместе со мной, потому что у нее была важная встреча в России, и я поехал один. На свадьбе я встретился с родственниками, которых не видел много лет. Среди них была и моя двоюродная сестра Мирьям, дочь дяди Мусы, известного врача-стоматолога в Филадельфии. За полтора года до этого она просила меня выяснить в Израильской ассоциации стоматологов, сможет ли она приехать в Израиль работать по специальности. Я попросил ее отправить мне дипломы и резюме, пообещал сделать все возможное. Я раздобыл для нее информацию, но после этого связь между нами прервалась. Теперь же, когда нам довелось встретиться, я решил вернуться к вопросу.

— Чем закончилось то, о чем ты меня просила? Я отправил тебе информацию, но ты мне не ответила.

Она сказала, что подумала, взвесила все «за» и «против» и

решила отказаться от посещения Израиля. Дети ее не хотели ехать в Израиль, в особенности дочь, которая сейчас пишет докторскую диссертацию по политологии. Но она добавила, что все еще хотела бы поехать в Израиль. Я спросил почему, а она ответила, что у нее на то несколько причин.

— Я люблю евреев и люблю Израиль, — сказала она, игнорируя удивленное выражение моего лица. — Они особые люди, и мы должны гордиться тем, что тоже являемся частью этой семьи.

Я был уверен, что она просто неверно выразилась.

— Что значит «семьи»?

На этот раз она была немного удивлена.

— Ты что, не знаешь? — спросила она.

— Не знаю чего? — ответил я и начал чувствовать себя несколько неловко в этой странной беседе, во всяком случае, так объяснил себе в этот момент свое волнение.

— В таком случае, пришло время, чтобы ты узнал, — сказала она с улыбкой. — Мой отец тяжело болел в течение нескольких лет и в последние месяцы жизни лежал в больнице. Я успела в палату всего за несколько часов до его смерти. Он был еще в сознании. Я поздоровалась с ним, а он отмахнулся от моего приветствия и спросил, с какой стати я приняла христианство? Пришлось объяснить ему, что после того, как в Иране произошла революция, противницей которой я была, я предпочла жить в эмиграции. Я приехала в Рим и под влиянием атмосферы демократии и европейского стиля жизни и традиций, столь отличных от того, к чему я привыкла в Иране, решила перейти в христианство. Кроме того, я посчитала, что это поможет мне учиться в Америке.

Отец взял меня за руку, крепко сжал ее и сказал: «Мы

евреи, и наша настоящая фамилия — Абаевы». Я решила, что плохо расслышала, не могла поверить в то, что он только что произнес, и застыла, как столб. Отец с любовью взглянул на меня и лишь молча кивнул. Я хотела закричать, но вспомнила, что я в Тегеране, в мусульманской стране. Я вся дрожала. Заикаясь, спросила его: «Что значит, евреи? Что ты имеешь в виду?» Отец мне ответил, и видно было, что у него абсолютно ясная голова, он не бредит: «Наша настоящая фамилия — Абаевы». Я спросила его: «Почему же ты не рассказал мне об этом еще много лет тому назад?» Отец покачал головой и грустно улыбнулся. «Понимаешь, — сказал он, — мы не хотели, чтобы окружающие нас, то есть мусульмане, знали, что мы евреи. Мой отец просил меня, когда был на смертном одре, чтобы я перед своей смертью рассказал об этом своему старшему сыну. Я чувствую, что скоро умру. Так как моего старшего сына здесь нет, я передаю эту тайну тебе».

Я смотрел на Мирьям и не мог поверить своим ушам. Она взглянула на меня, вздохнула и продолжила свой рассказ.

— Я была потрясена, но в то же время чувствовала, что мне просто необходимо узнать побольше об истории нашей семьи. Я попросила отца, чтобы он рассказал мне что-нибудь еще. Как? Когда? Кто?

— Мы прибыли в Иран из СССР через Каспийское море в 1919-1920 годах, — сказал отец. — Мы были иранцами, а так как политика Ленина не соответствовала нашему образу жизни, мы решили возвратиться в Иран. Иранский пограничник взглянул на наши паспорта и увидел фамилию «Абаев». Он спросил нас, мусульмане ли мы, а когда услышал, что мы евреи, пояснил, что, если мы хотим пересечь иранскую границу, то должны быть мусульманами, потому что такова политика этой страны. Посовещавшись, семья решила, что будет вести себя как мусульмане и в первую очередь нужно сменить фамилию. В иранской общине в Азербайджане евреи называли меня Дананде, что на фарси означает «образованный», а на иврите это имя означает, что человек относится к колену Дана. Вот так наша фамилия из Абаевы превратилась в Дананде. Отец боялся, что местные отнесутся к нам враждебно, и приказал нам скрывать, что мы евреи, и вести себя в соответствии со здешними традициями. Мы всегда одевались как мусульмане, и все принимали нас за своих.

Я еще раз взглянул на свою двоюродную сестру и почесал затылок. Она взглянула меня и понимающе улыбнулась.

— Я спросила отца, почему после того, как семья закрепилась в Иране, они не вернулись к иудаизму. Он сказал, что к тому времени семья уже вошла в мусульманскую общину, все их знали, и было бессмысленно открывать тайну.

— Ты пойми, — сказал отец, — если даже во времена шаха общество не приняло бы семью, которая возвращается к своей вере, представь, что было бы сейчас, после этой проклятой Исламской революции. Не забывай, мне было всего восемь лет, когда мы приехали в Иран, так что от меня ничего не зависело.

— Затем отец добавил, что наши предки жили в Мешхеде. Я спросила его, когда наша семья уехала из Ирана, а он ответил, что его прабабушка уехала 80 лет назад из Мешхеда в Ашхабад, столицу Туркменистана. Его старший брат появился на свет в Мерве, а сам он уже родился в Бухаре. Остальные братья тоже рождены за пределами Ирана. А затем превратности судьбы привели их обратно в Иран, и они были вынуждены притвориться мусульманами.

Я осторожно обнял Мирьям и не знал, плакать мне или смеяться.

— Превратности судьбы, — бормотал я, — еще какие превратности! Я еврей!

Должен сказать, я словно обезумел от счастья. Мне было трудно поверить в это и захотелось понять, с чего же все началось! История Ирана проносилась в моей памяти в ошеломительном темпе, и вдруг в этом вихре событий возникло имя, которое меня потрясло — «Анусей Мешхед». Неожиданно все осколки мозаики выстроились в четкую картину.

История «Анусей Мешхед» — одна из самых позорных страниц истории Ирана. В середине XVIII века в Иран возвратился Надир-шах после захвата Индии. Центром его правления была область Хорасан, столицей которой был город Мешхед. Надир-шах привел сюда евреев, наделил их большими полномочиями, назначив их управляющими его богатой казной. Однако положение евреев резко ухудшилось после смены власти и убийства губернатора города. Новый правитель был фанатичным шиитом, и после нарочно спровоцированных еврейских погромов, во время которых погибло 36 человек, он предоставил евреям выбор — либо умереть, либо принять ислам. Находясь в безвыходном положении, им пришлось стать мусульманами. Часть из «новых исламистов» не пожелали смириться с этим положением и ушли не только из Мешхеда, но и из Ирана, туда, где они могли продолжать исповедовать иудаизм.

То, что прабабушка дяди Мусы уехала из Мешхеда в 40-е

годы XIX века, означает, что это произошло вскоре после обращения евреев в ислам. Выходит, что она ушла вместе с теми, кто не захотел исповедовать ислам. Как и многие другие, она нашла убежище в Азербайджане, где терпимо относились к людям другой веры.

Мне не давала покоя новость, которую я только что узнал. Должен признать, я все еще не мог поверить, что я еврей по рождению. Я почувствовал острую необходимость немедленно рассказать об этом всей своей семье. На какое бы семейное мероприятие я ни приезжал, я сразу принимался рассказывать им об этой истории. Мне было очень важно, чтобы они услышали это от меня лично, не по телефону и не по электронной почте. Я понимал, что только в беседе с глазу на глаз они смогут с полной серьезностью отнестись к этой новости, понять, о чем идет речь. Реакция была неоднозначной. Некоторые отвергали то, что я говорил, ничего не хотели слышать. Другие были абсолютно уверены, что это — истинная правда. Теперь я наконец-то стал понимать, почему моя бабушка, фанатичная шиитка, так настаивала на том, чтобы мы не смешивали мясное с молочным. Ведь это был еврейский запрет, и он не имел ничего общего с исламом. Оказывается, она тоже знала эту тайну. После того, как я рассказал своим родственникам о евреях, многие из них стали хорошо относиться к Израилю. Тем не менее, никто из них не принял тот факт, что наша семья имеет еврейские корни.

Из моих друзей только отец ван дер Хофен понял мою историю и чистосердечно поверил ей. Он поддержал меня и понял, что у меня действительно еврейские корни и что я люблю Израиль настоящей и искренней любовью.

В заключение этой длинной истории я хотел бы передать народу Израиля свои наилучшие пожелания и выразить свою убежденность в том, что Бог Израиля уготовил мне особое предназначение — поведать 80 миллионам иранцев, что Израиль — это брат-близнец Ирана, нас связывает 2700 лет общей истории. Мы — дети персидского царя Кира, не еврея, который в 45-й главе книги Исайи рассматривается как мессия.

Мы, «Всемирная организация братства и дружбы», желаем светлого будущего израильтянам и иранцам, которых наше движение сумело пробудить ото сна благодаря работе своих филиалов в 65 крупнейших городах мира. Нашей главной целью является достижение вечного мира между цивилизованным Ираном и Израилем. Мы будем бороться за это до конца своей жизни и никогда не сдадимся, поскольку глубоко убеждены в том, что больше, чем месть в любом ее проявлении, чем дискриминация и насилие, на нашей планете нужны любовь, сострадание, божья милость и всепрощение.

www.ingramcontent.com/pod-product-compliance
Lightning Source LLC
LaVergne TN
LVHW051224080426
835513LV00016B/1396